JN059332

A Year in the Life of Ancient EGYPT

古代エジプトの日常生活

庶民の生活から年中行事、
王家の日常をたどる12か月

ドナルド・P・ライアン【著】
Donald P. Ryan

田口未和【訳】

原　書　房

古代エジプトの日常生活

庶民の生活から年中行事、王家の日常をたどる12か月

目次

ドロシー・オービノエ・シェルトン、パトリシア・チャント・アームストロング・ライアン、
シャーリー・アムダン・マッキーン、キム・ネッセルクイストを偲んで。

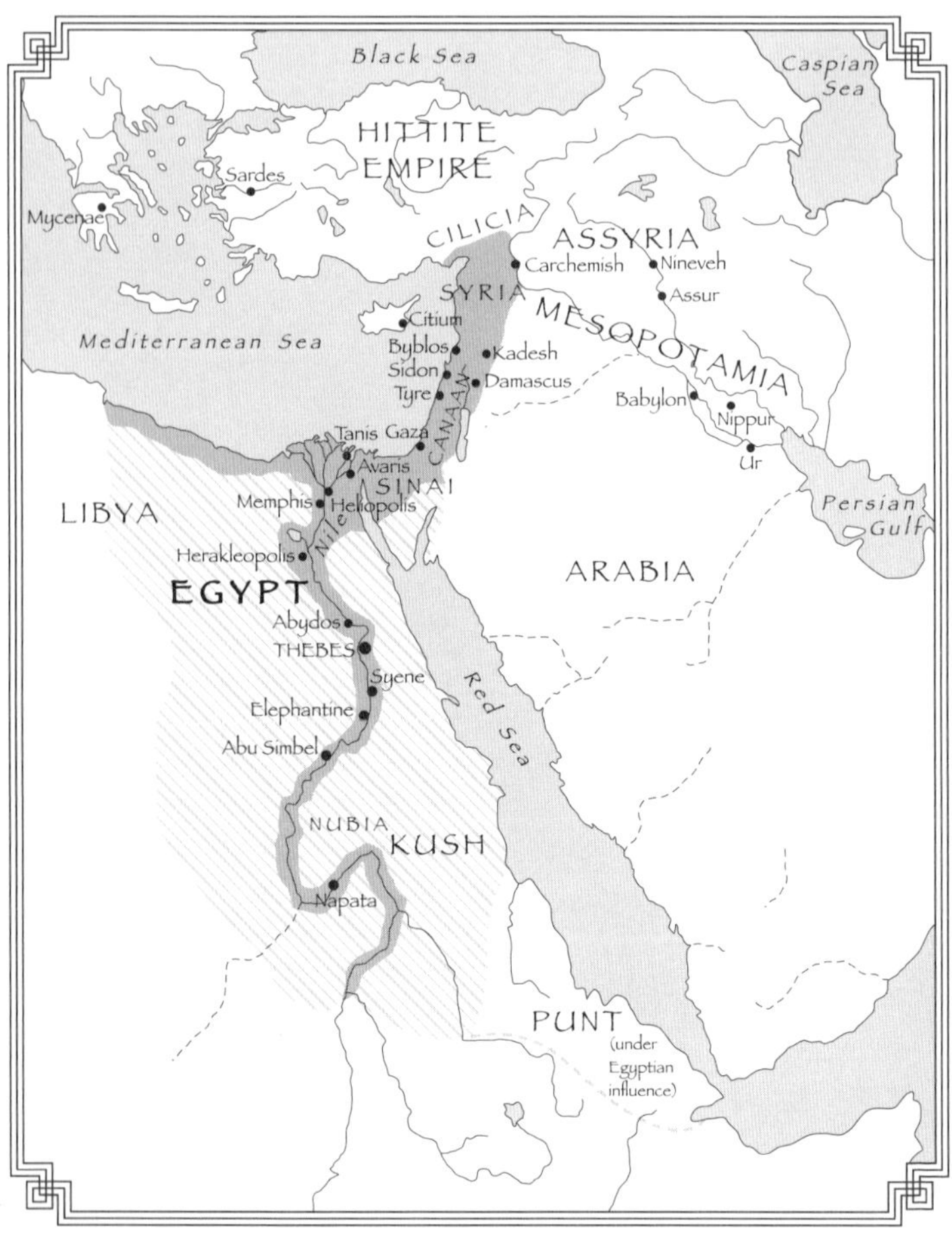
Black Sea
Caspian Sea
HITTITE EMPIRE
Sardes
Mycenae
CILICIA
ASSYRIA
Carchemish
Nineveh
Assur
SYRIA
MESOPOTAMIA
Citium
Mediterranean Sea
Byblos
Kadesh
Sidon
Damascus
Tyre
CANAAN
Babylon
Nippur
Ur
Tanis
Gaza
Avaris
SINAI
Memphis
Heliopolis
LIBYA
Nile
Persian Gulf
Herakleopolis
ARABIA
EGYPT
Abydos
THEBES
Syene
Red Sea
Elephantine
Abu Simbel
NUBIA
KUSH
Napata
PUNT
(under Egyptian influence)

古代エジプトの時代区分

初期王朝時代	紀元前 3000 ごろ～ 2686
古王国時代	前 2686 ～ 2125
第 1 中間期	前 2160 ～ 2055
中王国時代	前 2055 ～ 1650
第 2 中間期	前 1650 ～ 1550
新王国時代	前 1550 ～ 1069
第 3 中間期	前 1069 ～ 664
末期王朝時代	前 664 ～ 332
ギリシア・ローマ時代	前 332 ～後 395

はじめに

古代の文化に関していえば、エジプトは尽きることのない魅力を保っているように思える。現代においてもなお、私たちは3000年ほども前に栄えた文明に驚かされ、とまどわされ、喜ばされる。しかし、そのかつての栄光を再構築するには、長い年月を生き残った多種多様な、しばしば興味深い遺物を手掛かりにするしかない。本書は古代エジプト社会の日常を12か月という月単位に分け、市井の人々から王族まで何人かの生活を通して、その暮らしの一端をのぞこうというものだ。時代は紀元前15世紀、アメンホテプ2世の26年間の治世に設定した。

本書が語るストーリーには、アメンホテプ2世とその家族だけでなく、行政官、兵士、神官から成る巨大なエジプトの官僚機構を構成した数多くの臣下の何人かも登場する。支配者、役人、その他のエリートたちについては、その行動についていくらか具体的な証拠が残っているが、古代エジプトの偉大なる達成は、農民や漁師、陶工、職人、煉瓦工、醸造業者など、自分たちの暮らす美しい土地が超自然的な力に見守られていると信じていた一般の人々の労働という基礎の上に築かれたことを忘れてはいけない。

仮に「文明」の定義を、人類学者が「複雑な社会」と呼ぶもので特徴づけられる文化とするなら、古代エジプト文明は紀元前3050年ごろに確立されたと考えられる。「複雑な社会」の特徴にはしばしば、役人の階層、人々の間に見られる貧富の差、専門の職工、記念碑（おもに宮殿と神殿）の建築、文字体系が含まれる。古代エジプト人たち自身は、彼らの文明が始まったのは、ふたつに分かれていた偉大なる土地――南部のナイル渓谷から成る上エジプトと、北部のナイルデルタを取り囲む下エジプト――が政治的に統一されたときと考えていた。

古代の資料を基にした古代エジプトの歴史区分は、基本的には同系一族である支配者グループごとの30の王朝を、3つの「王国」時代とその前後や間の時代に分けるのが一般的で、それによって私たちは特定の個人や出来事をそれぞれの時代に配置することができる。「王国」として知られる時代はエジプトが統一され、繁栄し、最も洗練されていた時代であり、私たちにもなじみのある壮大な記念碑の多くが建てられた時代でもある。「中間期」やその他の時代は、社会が不安定だったか、外国による支配の時代、あるいはその両方の時代である。

古王国時代（紀元前2686～2125ごろ）は、石造りの巨大なピラミッドが建てられた時期として最もよく知られる。中王国時代（紀元前2055～1650ごろ）は、文学や芸術の古典文化が花開いた時期とみなされ、新王国時代（紀元前1550～1069ごろ）は、エジプトがその支配を南方と東方に広げ、領土を拡大した帝国時代である。本書の舞台となる時代は、新王国時代の3王朝のうち、最初の第18王朝全体で、じつに注目すべき時代だった。本書の物語には勇猛な戦士でもあったファラオ（王）、女性のファラオ、宗教的異端者となった王、そして、いわゆる「少年王」ツタンカーメンなど、巨大な富が築かれた時代の並外れた支配者の何人かが登場する。古代エジプト文明の3000年の歴史のなかで、第18王朝はその半ばの紀元前1550年ごろに始まった。これは、ギザの有名な大ピラミッドの建設から約1000年後、そして、しばしば美化して語られるギリシア人の支配者クレオパトラの統治の1000年以上前にあたる。

古代エジプト人は、現代社会のほとんどの人たちが使うものとそれほど大きな違いはない暦に従って、日々の生活を送っていた。30日から成る12か月を1年とし、1日は24時間に分けられていた。1年には4か月ずつ3つの季節があり、それに5日を加えて、自然界の365日のサイクルにほぼ合わせていた。3つの季節はナイル川の増水期(7月半ばから11月半ばごろ)、種まきと成長期（11月半ばから3月半ばごろ）、収穫期（3月半ばから7月半ばごろ）である。現代と同じように、私たちにとっての秋と冬に相当する時期は、日中は非常に過ごしやすく、おそらく夜間は少し肌寒かった。春になると徐々に気温が上昇し、夏はかなり暑くなった。

特定の年中行事、たとえば祭りなどは、決まった季節と月の特定の日、あるいは月の満ち欠けのサイクルに合わせて決められた。特定の行事を明らかにするという点では、個々のファラオの治世に基づいて年月日が示される場合もある。たとえば、トトメス3世の治世第15の年、種まき期第3の月、第5の日という具合である。

本書に登場する個人には、アメンホテプ2世はもちろんのこと、その後継者であるトトメス4世などの王族、あるいは彼らに仕えた高官など、歴史的に実在したことが確かめられ、現存する記念碑からかなりよく知られている数人が含まれる。しかし、古代エジプト文明を持続させる原動力となった一般の大多数の庶民の暮らしについては、実際のところ、詳細はほとんどわかっていない。ファラオたちが神殿の壁や堂々たる石像を通して、その業績を誇らしげに伝え、裕福な役人たちも彼ら自身の彫像や装飾された墓によって、その存在を知らしめたのに対し、ごく普通の農民や職人は読み書きができず、その生活が称賛されることもなかったが、それでも彼らは社会に不可欠な存在だった。

古代エジプトの文化に関する私たちの知識の大部分は、神殿や墓地、宗教と死にまつわる記念碑から得られるものだ。それらは永遠に残すために建設されたが、古代社会の日常のごく一部を代表するにすぎない。そして、遺物の多くはエジプト南部に集中している。それは、南部の自然環境が、考古学的遺物を何世紀もの間保存するのにより適していたからである。毎年氾濫を繰り返すナイル川流域の環境は、ほとんどのエジプト人が暮らした泥煉瓦造りの家や村の遺跡を長期にわたって保存する助けにはあまりならなかった。幸いにも、わずかながら残っている特殊なコミュニティの遺跡が、かつての生活の一端を私たちに教えてくれる。その代表は、新王国時代に王墓を建設した職人たちが暮らした村と、初期のピラミッドを建設した者たちの生活を支えていたいくつかの集落で、いずれも洪水を逃れるために川から十分に離れた土地に位置していた。つまり、古代エジプト人の生活についての私たちの知識はいくぶん偏りがあり、社会全体を網羅するものではない。

古代エジプトは比較的少数の訓練を受けた人たちが文字を書く文化だったため、学者たちはかなりの数の碑文やその他の文書に恵まれ、それが私たちに古代の生活の多くの側面について貴重な見識を与えてくれた。今では、ヒエログリフやその他の古代エジプト文字をある程度正確に読み解けるようになったため、歴史、経済、宗教、個人の生活についていくらかの情報を得ることができ、古代人の心や考え方をのぞき見ることもできる。エジプト学者たちは外国からの訪問者、とくに古代ギリシア人やローマ人がエジプトでの経験を書き記した文書からも恩恵を受けた。しかし、それらは本書で扱う時代より何世紀もあとの史料である。

古代エジプトの1年をたどる本書のストーリーにおける人々の活動の舞台は、おもに当時のふたつの主要都市、現在のカイロに近い古都メンフィスと、それより南にある宗教的に重要で、数多くの巨大な神殿が建設されたテーベである。現在のメンフィスの遺跡を訪れてみれば、そこは崩壊した泥煉瓦の壁が遺跡として残る広大な土地で、かつての栄光を想像するにはかなりの努力が必要になるだろう。テーベに関しては、多くの神殿の遺跡が劣化しながらも残り、隣接する墓地には官僚たちの数多くの墓があり、その壁には理想的な日常生活が描かれ、当時の独特な暮らしについて、わかりやすく伝えてくれる。神殿や墓地の残存の度合いに偏りがあることを考えれば、私たちは古代エジプト人が宗教や死にとりつかれていたという印象を持つべきではない。確かに、人々は神々との関係を真剣に考えていたように見えるが、大部分の人々にとっては、それが生活の中心だったわけではない。死に関しては、エジプト人は生きることのほうにより関心を持ち、彼らが愛する美しい土地に霊的によみがえり、苦しみのない死後の生活を望んでいたと考えて間違いない。

断片的な証拠があちこちに散らばっている状態ながら、考古学者やエジプト学者は古代エジプトでの生活がどんなものかをかなりよく把握できてきた。それでも、私たちの考えが本当に正確あるいは完全なものかを知るすべはない。そうではあっても、本書は特定のある年、それも非常に興味深い年の人々の生活を、古代エジプト社会と、その注目すべき都市と時代に生きた何人かの人々のストーリーを通して、多様な側面から描き出そうと思う。現代人はピラミッド、ミイラ、墓と黄金に魅了され、そのため、古代エジプト人について謎めいたイメージを持つようになった。しかし本書を読めば、これらの人々もまた非常に人間味にあふれ、何千年も前に、現代の私たちと同じように、退屈な仕事、喜び、悲しみを経験していたのだとわかるだろう。

読者のみなさんには、非常に繁栄していた時代の古代エジプトについて情報を提供することが本書の目的だと理解していただきたいと思う。これは一種の歴史に基づいたフィクションで、つまり、私たちがすでに知っていることを基に、物語をつむぎ出している。すでに述べたように、古代エジプト人の大部分は読み書きができず、他者が彼らについて書き記したこと、墓室の壁に描かれた日常生活、あるいは考古学資料から解釈されることを除けば、彼らの声は歴史に記されることがなかった。私たちが支配者やエリートたちについて知ることは、彼らを支えた大勢の人々についての知識よりは多いものの、私たちの得る情報は完全にはなりえない。したがって、彼らのストーリーでさえ、ある程度は推測にすぎないかもしれないと思っておいたほうがいい。たとえば、トトメス4世の王位継承についてはいくらか論争があったと示唆する証拠があるものの、本書で提示するシナリオは、筆者独自の考えに基づいている。実際に起こった可能性はあるものの、証拠が少ないため確かめることはできない。そして、彼の父親であるアメンホテプ2世の死因については、彼のミイラの検査がこれまでのところ死因を突き止めるには至っていないため、推測するしかない。

別のエジプト学者が本書を執筆すれば、当然ながら、古代エジプト社会のある1年の生活について、まったく異なる人物と状況を登場させて描くだろう。しかし本書では、このテーマについての私の個人的な知識と経験で色づけされたストーリーを読んでいただこうと思う。読者のみなさんが本書の情報を役立て、興味を持ち、楽しみながら読み進めてくださることを願っている。

第1章

増水期　第1の月

農夫

月のない夜の闇が徐々に薄まり、星の光が消え始め、空の端がわずかに灰色を帯びたかと思うと、少しずつその色合いが強まっていく。空がほんの少し明るさを増したのを合図にしたかのように、何種類もの鳥たちがさえずり始め、これから起こる壮大なドラマを予兆する。灰色は徐々に薄いピンクへと変化し、周囲の輪郭が少しずつ見えてきた。ヤシ、アカシア、遠くの山々の黒い形――。

農夫のバキは体を横向きにした。畑仕事をする者のつねで、早朝に自然に目が覚める。うなり声をひとつ上げると、織物のマットの上を転がるようにして体を起こし、眠りの時間は――少なくともしばらくの間は――終わりなのだという現実を受け止めた。子どもたちふたりはまだ部屋の反対側の隅で丸くなって眠っていたが、妻のムトゥイはいつも通りしばらく前に起きて、日課の家事をこなしていた。やわらかな声で歌っているのが外から聞こえてくる。彼女は穀物倉にたっぷり蓄えてある麦粒を手づかみで編みかごに入れると、磨き上げた石板の前にひざをついた。なめらかな石に小麦をリズミカルにたたきつけ、こすりつけているうちに、粉に変わっていく。そのようすは毎日昇る太陽と同じくらい心を和ませ、新たな1日に光と暖かさを運んでくる。あるいは少なくとも、これからも毎朝、この情景が続いてくれるだろうと希望を持たせてくれる。

バキはかすむ目をしばたたかせると、緊張を帯びた期待とともに立ち上がり、簡素な自宅の前の煉瓦のベンチに腰かけ、今まさに起ころうとしている天空のドラマを見守った。どうか今日も、地平線にまばゆいばかりに輝く暖かな太陽が誇らしげに姿を現し、いつものように1日をかけて空を横切る移動を始めてくれますように。彼は熱心に祈った。彼がそうならない日を経験したことはほとんどない。少なくとも1日の間に多少の晴れ間があるのが普通だ。しかし、それを当たり前だと思ってはならない。もし十分な嘆願、懐柔、賛美が継続的に神様に提供されなければ、自分が愛し、家族の生活を支えてくれるこの土地が、冷たく暗い死の世界に沈んでしまうかもしれない。バキは長く待つ必要はなかった。輝きを放つ球体の端が見え、彼は安堵のため息をついた。12時間前に西の地平線に消えて死んだ太陽神ラーが、冥界での数々

本書に登場するエジプトの神々の一部。左から右へ、アメン・ラー、オシリスとイシス、ハトホル、ベス。

の困難と危険が続く夜を乗り越えて、再び勝ち誇ったように姿を現し、新しい1日の始まりを宣言したのである。

ラーがこの勝負に敗れたことは一度としてなかったが、それは少なくとも一部には、壮大な神殿で奉献の職務を果たす神官たちの巨大なネットワークによって、ラーが十分に満足させられているからにすぎない。このネットワークの頂点の最高位の神官として最終的な統括を行なうのは、エジプト全体の支配者であるファラオ、アアケペルウラー・アメンホテプだ。神官たちはその職務をしっかりと果たしているにちがいない、とバキは思った。さまざまに姿を変える太陽神は今日もご満足されている。

ラー神はさまざまな姿で認識されていた。ラー・ホルアクティとして現れるときには、天空の巨大なタカの姿をとり、その翼を広げ、昼間の空を横切るようにゆっくりと燃える球体を動かしていく。あるいはその推進力は、天空の巨大なスカラベ（フンコロガシ）の力によるものとみなされるかもしれない。地上にいる、卵を含んだ丸い糞を転がしていく昆虫と同じように、スカラベは炎を上げる巨大なオレンジの球体を西へと押し転がしていく。またあるいは、神々の一団を乗せた巨大な船が、天空を定期的に移動しているのかもしれない。命を吹き込む光を放出するアテン神になる場合もあるが、おそらく数ある化身のなかでも最強なのは、強大で誇らしげながら、その姿は目には見えない自然神アメンの化身としての太陽神アメン・ラーだろう。

アメン神はこのころ、間違いなく圧倒的な力を誇っていた。その神殿は堂々として、数も多く、資産は豊かで、神官たちも大勢いた。王の名前アメンホテプも「アメンは満足している」を意味し、この神の偉大さをつねに思い起こさせる。ラーとアメンは最高位の神だが、ほかにも生と死のあらゆる側面を象徴する数百の神々と女神、霊と魔物の存在が認識され、崇(あが)められ、ときには滅ぼされる必要があった。たとえば、ハトホル女神は、雌牛の姿をとるときには子を慈(いくつ)しむ母とみなされるが、セクメト女神の姿をとるときには守護を与える一方で、攻撃的で血に飢えた雌ライオンとみなされる。もう少し穏やかで、より抽象的な神がトト神で、鳥のトキ、ときにはヒヒの姿で表現され、知恵と文字の神とされる。

混沌を象徴するセト神や、秩序を象徴するマアト女神もいる。そして、あの世にも大勢の神々がいて、なかでもオシリス神は魔物や悪さをするものが入り乱れる冥界を支配し、死者の審判を取り仕切る。太陽神ラーは毎夜、冥界で彼を殺そうとする巨大なアポピス蛇と戦わなければならない。神々は人間の姿でさまざまに描写されることもあれば、関連する動物の姿、あるいは人間の体と動物の頭部の組み合わせで描かれることもある。たとえヒエログリフを読めなくても、彫像や絵画で表現される頭飾りを見れば、よく似た神でも区別をする助けになった。

農夫のバキは厳しい肉体労働でつねに体に痛みを抱えていたものの、純粋に自分が暮らす土地を愛していた。収穫を終えたばかりの広大な畑を見渡すと、その美しさと豊かな実りに深い感謝の念に満たされる。農地は雄大なナイル川の両岸に沿って広がる。川は南から北へ曲がりくねりながら流れ、バキが名前を知るだけで実際に見たことはない「大いなる緑」（地中海）に注ぎ込む。古代エジプト人は平らな地面が上の水と下の水に囲まれていると信じ、ナイル川はどこかはるか南の、地下の水源から湧き出しているのだと想像していた。

ナイルという川そのものが、ひとつの驚異だった。通常の年には、川が増水して氾濫する時期が2、3か月続き、水が引くと、畑は黒く肥えた泥土に再生される。この泥土は小麦、大麦、亜麻などの主要穀物の栽培に最適な土壌となる。この毎年の氾濫とその結果として得られる豊かな実りのため、バキや彼の同胞はこの土地を「ケメト」――黒い土地――と呼んだ。人々の

エジプトの国名

現在の「エジプト（Egypt）」という英語の国名の起源は、メンフィスにあるプタハ神の神殿の名前「フウト・カ・プタハ（Hut-ka-Ptah）」（プタハ神の魂の家）に由来するようだ。それがギリシア語でAigyptos、ラテン語でAegyptus、フランス語でL'Égypte、ドイツ語でÄgyptenなどになった。現代のエジプトのアラビア語名はマスル（Masr）といい、その古い語源は要塞または境界線を意味した。紀元前4世紀にギリシアがエジプトを植民地化したあと、多くのエジプトの都市にギリシア語の名前がついた。たとえば、「ワセト」が「テーベ」に、「メン＝ネフェル」が「メンフィス」に変わった。7世紀にアラブ文化が流入すると、いくつかの土地が新たな地名を獲得し、古代のワセト／テーベは現在「ルクソール」と呼ばれる。

生活を豊かにしてくれる肥沃な土壌を指す言葉だ。
めったにないことだが、川の氾濫の規模が大きすぎると、わずかに高い土地にある村を脅かし、飢饉をもたらした。もっと低い土地にある村の被害はより深刻だっただろう。至るところに見つかる大きな穀物倉に余剰穀物が大量に蓄えられていたことからも、その可能性が実際にあったとわかる。毎年の洪水を象徴するハピ神は、よく太った人間の頭から植物のパピルスが生えている姿で描かれる。人々はこのハピ神が十分に満足した状態を保ってくれるように祈った。

川が人々の生活に与える恩恵は、農耕地の再生だけではない。川の水は多くの種類の魚を養い、岸辺には食べられる鳥類が集まり、役立つ植物がよく育った。また、川は自然の高速道の役割も果たした。水は北へ向かって流れているが、船の帆を揚げれば優勢な南向きの風が南の方向へも運んでくれた。ほとんどの日は、川が人々の活動の中心となり、漁師や川岸で働く人々、両方向に向かう大小さまざまな船でにぎわいを見せていた。

川から離れた東方には人を寄せつけない砂漠と岩山——赤い土地——が広がり、同じく西にも人の住まない広大な土地が続き、水はほとんどないが、いくつかのオアシスが点在している。しかし、東部では貴重な石や金の切り出しや採掘が行なわれ、乾いた土地を横切る道をたどれば大海（紅海（こうかい））に出て、そこから南部の異国の土地へ船で探検に向かうことができた。驚くにはあたらないが、ケメト／エジプトの数百万の人口の大部分はナイル川のすぐそばか、その支流の間の土地に暮らし、そこに数百の村ができ、いくつか人口の集中する都市が発達した。

ほとんどのエジプト人がそうであったように、バキは文字を読めなかったが、年長者からこの世界がどのように生まれたかについて教わり、一般的な知識は持っていた。かつて、何も存在しない無の時代があり、その虚無状態の原始のヘドロ（毎年の洪水が引いたあとの畑に現れ

ナイル川

古代エジプト人はナイル川のことを、ただ「川」とだけ呼んでいた。ほとんどの住民にとって、ナイルが唯一知る川だったからだ。中央アフリカとエチオピアの高地の湖を水源とするナイル川は、長さ6500キロを超える世界最長の川だ。「ナイル」の名はギリシア語で渓谷を意味する「ネイロス」を語源とする。メソポタミアやエジプトを含む古代文明のいくつかは、川の流域に築かれた農耕社会から発展した。エジプトの場合は、ナイルの毎年の氾濫で流域の土壌が再生され、何千年にもおよぶエジプト文明の発展と繁栄のための理想的な環境を提供した。

る泥土と似ていなくもない）の山のひとつからアトゥムという神が姿を現した。アトゥムは一対の神、大気の神シュウと湿気の女神テフヌトを創造した。彼らが今度は大地の神ゲブと天の神ヌトを創造した。いずれも世界の構造と生命の維持には不可欠の要素である。次に生まれた4柱の神々は、性質がより人間に近かった。オシリスとその妹で妻でもあるイシス、そして、セトとネフティスだ（彼らの間でさまざまなドラマが生まれる！）。やがてクヌムという神が、ろくろで土をこねて人間とその魂を創造し、人間は川沿いの土地で暮らし繁栄していく。このすべてははるか昔に起こったことだが、神々はまだ非常に活動的で、なかでも社会の継続に重要な役割を果たしたのは、オシリスとイシスの息子であるホルス神で、エジプトの生きた支配者であるファラオはホルス神の化身とされた。

バキは、ずっと昔に北の「下エジプト」――ナイル川下流域で、川がナイルデルタのいくつかの支流に分かれている土地――と、南の「上エジプト」――曲がりくねったナイル渓谷の比較的狭い土地――の人々の間で紛争があったことも教わった。1000年以上前にメネスの名で知られた上エジプトの王がふたつの地域の統合に成功し、それ以来、エジプトの支配者は「ふたつの国の主」と呼ばれるようになった。

現在ではギリシア語名の「メンフィス」と呼ばれるのが一般的な都は、ふたつの地域の合流点近くに戦略的に築かれ、やがて出現する巨大な官僚機構のための行政の中心地、そして支配者の居住地として機能した。数十人の歴代の王が何世紀にもわたって巧みに統治し、エジプトは少なくとも2度の分裂の時代を経験したものの、その後より強くなって復活した。この時代までにはあまりに強大な国になったため、その自然の境界線を越えて、南と東の異国の領域にも支配を広げ、そこから莫大な富が供給されるようになっていた。

そうだ、エジプト人でいるのはほかの何者になるよりすばらしい、とバキは結論した。エジ

エジプトの国民性

エジプトの外国嫌いの態度は、人種や肌の色ではなく、民族性に基づいていた。近東地域の多くの文化とは違って、エジプト文明は地理的な条件のために他の文明から比較的孤立して発達した。東、西、南には砂漠が広がり、北には地中海があるため、自然の境界線で保護されていた。異民族との不快でときに暴力的な遭遇は、外国人への疑いをさらに深めた。しかし、異国の人々がエジプト人になることは可能だった。彼らが言語、宗教、権威への服従という点で、完全にエジプト文化に適応し同化することが条件だった。

プト人でない者は、みな劣った人間なのだと彼は教えられた。南の国境の向こうには、総じて非協力的で不愛想なクシュ王国（ヌビア）の住民がいた。彼らの土地は金をはじめとする貴重な金属のほか、宝石、立派な木材、さらには奇妙で興味深い動物まで、魅力的な外来製品の産地だったため、制圧する必要があった。「邪悪な」や「哀れな」というのが、しばしばクシュ人に与えられる形容詞で、エジプトの支配者たちはケメトの富を築くためにクシュ人を従属させることを誇りにしていた。

遠く東と北東にも、同様に低俗とみなされる多くの異民族が住んでおり、征服するにはもってこいの、さまざまな町や都市に暮らしていた。カナンやシリアなどの土地への軍事侵攻は、貴重な資源を大量にもたらした。それには、捕虜にした者たちによる安い労働力も含まれ、最も不快な作業に割り当てることができた。そして、北西にはやはり嫌悪すべき習慣を持つリビア人が住んでいた。

バキは、本当に自分は恵まれていると感じた。彼は家族とともに大都市テーベに隣接した村に住んでいた。テーベはエジプト南部の宗教の中心地であり、支配者がメンフィスの王宮を離れているときや、領土を訪問する際の滞在地となった。テーベではつねに何かが起こっていて、船が行き交い、港では大量の荷が揚げ降ろしされ、エジプトや外国の役人が行き来している。また、テーベの守護神であり、実質的にはエジプト全土の守護神であるアメン神をはじめ、神々に捧げられた壮大な神殿もあった。テーベのアメン神殿は信じられないほどの規模だった。見事な壁と彫像、そびえ立つ金張りのオベリスクが日の光に照らされてまばゆいばかりに輝くさまを見れば、畏怖(いふ)の念に圧倒されずにはいられない。

川の西岸には、過去の何人かの王を追悼する立派な葬祭殿があり、対岸からも目にすること

エジプトの行政地域

エジプトは伝統的に42の州に分けられていた。現代の研究者は「ノモス」というギリシア語をこの行政単位に使っている。20は北の「下エジプト」に位置し、22は南の「上エジプト」にあった。それぞれに名称、守護神、それに付随する神殿があり、長官のノマルコス(州侯)が監督し、ファラオと彼の政権に報告した。エジプトの古都メンフィスは下エジプトの第1のノモス「白い壁」のなかにあり、プタハが守護神だった。とくに重要な都市テーベは「権杖のノモス」として知られ、アメン神を最高神とした。古代エジプト史における政治的動乱期には、州侯の一部が権力を競い合い、さまざまな結果をもたらした。

ができた。その神聖な場所に奉仕する特別な任務を与えられた神官が、今も変わらず日夜、供物を捧げている。そこからさして遠くない後方の丘陵には、エジプトのエリート層の贅沢な個人墓が徐々に数を増して点在していた。その向こうには、もはや公然の秘密ともいえる場所がある。エジプトの支配者、かつて生ける神として国を治めたファラオたちの墓地となっている谷である。人としての責務を終えた王たちは、今は別の場所で神として永遠の時を過ごしている。西岸が選ばれたのは結局のところ、西の地は太陽神ラーが沈み、夜にはジャッカルがうろつく死者の土地だったということもあるのだろう。

　バキは寝床に戻り、仰向けに寝転がった。新しい1日の光が部屋を満たしていく。前日の過酷な収穫作業のために、体中のすべての骨が痛むように感じる。川がゆっくりと水位を上げ、水が畑を覆い始める前に、残っている穀物すべてを収穫してしまわなければならなかった。実際、この日は新しい年の始まりの日、3つある季節のなかの最初の季節の初日であり、祝福に値する特別な日だった。少なくとも今のところバキは満足し、3か月ほどあとに川が水嵩（みずかさ）を減らし始めるまでは、農作業も少しは楽になり、多少の休息がとれることを楽しみにしていた。その後は、種まきから収穫までの新しいサイクルが始まる。

ほんの数分の浅い眠りのあと、バキは子どもたちのくすくす笑う声で目が覚めた。ムトゥイが彼らに今日は新年祭「ウェプ・レンペト」の日で、たくさんの食べ物とさまざまな催しがこれから数日続くのだと伝えてあった。通りでは人々がゲームを楽しみ、食べ物や飲み物、音楽がふんだんに用意され、いつもは無表情な者たちの顔にも笑みがこぼれる。これはもちろん、1年の間に祝われる唯一の祭りではないが、多くの人が一番楽しみにしている祭りだった。

パンとポリッジ［穀物を牛乳や水で煮た粥］の、わずかながらの質素な食事を終えると、バキは乾燥させたイグサを編んで作った小さな収納箱を開いた。そこから妻と娘の筒形のシンプルなワンピースや、自分と息子のためのきれいな白い麻の腰布を取り出す。家族全員がこの祝日のための晴れ着に着替えると、バキは収納箱の底に手を伸ばして、大事なサンダルを取り出した。特別な日のために用意してあったサンダルだ。子どもたちの手を引き、バキとムトゥイは埃っぽい通りに出て、村の端から端までゆっくりと歩き始めた。

主要都市のテーベから歩いても1時間ほどの距離にある村は、エジプトの富が増すとともに成長していった。ナイル川の通常の氾濫であれば水がおよばない安全な高さにあるのは、ひとつには、この村がかつての入植地の遺跡の上に築かれたからだ。そのため、かなり高台にある土地が数百の家屋を支えている。近くのテーベや他の町に見られる公式の都市建設とは違って、この村には計画性がほとんどなかったことは明らかだ。密集する小さな家々は、それぞれが少しずつ異なる方角を向いているように見え、泥煉瓦の壁は何度も修復や改修を繰り返してきたとはっきりわかる。ひとつとして同じに見える家はないが、ほとんどが小さな部屋2、3室とわずかな屋外エリアから成り、屋外部分には窯や貯蔵倉があり、家によってはロバをつないでいた。木材をつなぎ合わせた戸口がある家もあれば、マットや布を下げてプライバシーを維持する家もある。簡素な造りではあったものの、村の家は実際にはとても快適で、泥煉瓦の壁は暑い季節には室内を涼しく保ち、寒い季節には比較的暖かい。そして、ヤシの枝葉と幹に泥を塗った平らな屋根が、断熱効果を加えた。

まだ午前中のうちから、通りはすでに祭りのムードにあふれ、多くの家の前で出来立ての食べ物が売られたり、供されたりしていた。また、いくつかの取り壊された家の間の空き地に即席の市場ができ上がった。子どもたちは通りで追いかけっこをし、蜂蜜で甘さを加えた焼き立てのパンの香りがあたりに漂う。もう少しすれば、普段は富裕層にしか手の届かない牛肉やガチョウの肉もふるまわれるだろう。これらの高級な食べ物はどんな祝いの場も特別なものにしてくれる。さらにはビール――大量のビール――も、普段の日に飲むものよりいくぶん強いものが楽しめるはずだ。運がよければ地元産ワインも少しは口にできるかもしれない。

バキはこの村で育ったので、村人のほとんど全員と知り合いだ。彼らの個人的な事情もよく知っている。これほど密接な地域でプライバシーを守るのはほとんど無理というものだ。出産や死亡は、ほぼ瞬時に誰もが知るところとなる。ロマンスを——正しいものも間違ったものも——長く秘密にしておくのはむずかしい。うわさは、どこまで真実が含まれているかの度合いはさまざまに、飛ぶような勢いで広まり、誰もがゴシップを楽しんだ。大きな拡大家族のように、親友同士の関係もあれば、古くからの反目もあった。

目抜き通りをゆっくりと歩きながら、バキとムトゥイはすれ違うほとんどの人とあいさつを交わした。なかにはもう何週間も働き詰めだった人たちもいた。バキと同じように、農夫たちの大部分は収穫作業を終え、しぶしぶと税を納めたばかりだった。これからしばらくは仕事が少し楽になるので、彼らはことのほか浮かれ気分だった。まだ朝だというのに、バキの親友で牛飼いのセンナは、もうすっかり酔っ払って上機嫌になり、今にも崩れ落ちそうな粗末な家から出てくると、バキと家族を迎えた。センナは祭りがほんのいっときのものだとわかっていた。明日には家畜の世話をしなければならないのだから。

さらに道を進むと、漁師のネフェルが燻製（くんせい）ナマズの切り身を大盤ぶるまいしていた。ネフェルの隣家には未亡人の姉妹、タメレトとサトムトが住んでいる。ふたりの夫はどちらもカナンへの軍事遠征に参加して戦死した。姉妹は織り子として働き、近くにあるふたつの織物工房で、亜麻を紡ぎ、織機を扱い、縫い合わせをしている。下エジプト出身の姉妹は、テーベの兵士だった夫たちが北部に長期滞在している間に知り合った。今は家族から遠く離れて暮らす彼女たちは、気の毒なほどさみしい生活を送っている。普段は悲しげな表情をしていることが多いが、今日ばかりは通りすがりに彼女たちに気づいた村人みんなに、弱々しい笑顔を見せている。ムトゥイが持ってきた小さな布袋からナツメヤシの実をひとつかみずつ手渡すと、ふたりはうれしそうに顔を輝かせた。

さらに道を進んだバキの一家は、木工職人、宝石職人、その他あらゆる工芸品の職工や業者の家を通り過ぎた。なかにはプロの楽師や踊り手の家もある。テーベのすぐ近くにある村なので、国の巨大な官僚機構で働く者たちも数多く住んでいた。国の官僚制度は何かしらの形で人々の生活のあらゆる側面に影響を与える。村人の何人かは、広大な土地の所有者や政府の高官などの富裕層の家で働いていた。村に隣接した場所に、彼らの贅沢な屋敷が何軒かあり、身分が低いとみなされる村人の集落とは、壁と門で隔てられていた。

さらに通りを進むと、護符売りのアフモジが住む粗末な小屋がある。誰も彼女の年齢を知らなかったが、90歳ほどではないかと推測された。何世代もの人たちを見送り、何人かの傑出したファラオの統治時代を生きてきたのだろう。白髪交じりのまっすぐな髪が長く伸び、腰が曲がり、歯はほとんど抜けてしまい、しわだらけの体を覆う衣服を身に着けることはめったにない。どうやら、ただ服を着るのを忘れてしまうようだ。しかし今日は、布の上部を丸く切り取った薄汚れたシーツのように見えるものをかぶっていた。いつものように戸口に座り、足元に広げたマットに彼女が手間暇をかけて用意した品物を並べている。

バキに気づくと、アフモジは甲高い声を上げ、並べた護符を指さした。多くはひとつ、またはいくつかを組み合わせて首にかけて使うもので、さまざまな形で現れる邪悪な力から守ってくれる。大部分はしっかりしたつくりのファイアンス製（陶器の一種）で、美しい緑か青の釉薬（うわぐすり）が施されていた。マットの端には、家で使うための小像が並べてある。かがんだ格好で、醜い顔から舌を突き出した、有名なベス神の像は、家のくぼみに置いておくと、不吉なものを遠ざける効果があるとされた。バキの家にはすでに3つの像があり、ムトゥイはタウエレトの小像も持っていた。こちらは獰猛な妊娠中の雌のカバの姿をした神で、出産のときに守ってくれると信じられていた。

アフモジの話す言葉を理解するのも、彼女の頭がどれくらいまともかを推し量るのも、非常にむずかしかったものの、彼女は品物をどうやって売るかは心得ていた。子どもたちが色、形、大きさがさまざまな、何らかの力を象徴する品物に見とれていると、老女は前のめりになって、輪にしたひもを子どもたちの首にかけた。それぞれに小さな青いファイアンスの護符がぶら下がっている。これは「ウジャト」と呼ばれる、ホルス神の目をかたどったものだ。子どもを守ってくれるというご利益を失いたくなくて、ムトゥイがナツメヤシの実が入った袋に手を入れ、ひと握りの実を取り出して渡すと、アフモジは感謝の気持ちを込めて口を動かした。「彼女がこれほど長生きなのも不思議ではないな」。バキは歩き出しながら、そうつぶやいた。「護符に取り囲まれているのだから」

村の道の終わりに近づくと、そう遠くない場所に細い煙の柱が立ち上っているのが目に入った。明らかに、祝日だというのに誰かが仕事を続けている。煙は陶工の工房から出ていた。ありがたいことに、ほかの家からは十分な距離があるので、窯から漂う鼻を刺すような臭いに悩まされることはない。

村を端から端まで歩き切ったので、バキの一家は回れ右をして、祭りのようすを確かめた。何人かの楽師が縦笛やさまざまな小さな太鼓を演奏し、村人の何人かが即席のダンスに興じている。小さな集まりに視線を向けると、ふたりの男が盤上で駒を動かすセネトと呼ばれるボードゲームをしていた。その近くでは、若者数人がレスリングを行ない、ほかに棒を使って戦う武術をしている者たちもいた。少女たちがかたまって座り、楽しそうに人形遊びをしている。どちらかといえば、本物の人間というよりは、小さなボートのパドルに髪の毛をくっつけただけに見えるが、子どもの想像力には限界がないようだ。

午後も半ばになると、ロバを連れた少年たちが4つの大きな壺を運んできた。注意深く壺を下ろすと、砂を積み上げたところに設置する。これは、お待ちかねの国からの贈り物の強いビールで、大勢の村人がご相伴にあずかれる。その後、村が共同購入した年老いた雄牛が殺され、串に刺して焼かれる。村にとってはめったにない、特別なごちそうだ。そう、この日は祝福すべき1年の始まりの日だった。また1年、無事に生活できたことを喜び、同時に、これからやってくる数か月を、健康に、少なくともある程度は満足して過ごせることを祈る日でもある。

第2章

増水期　第2の月

アメンホテプ王

アアケペルウラー・アメンホテプは、侍者が決まった数の壺の湯を体にかけ、濡れた体をふく間、裸のまま動かずにいた。それから低い椅子に腰かけると、次の侍者が現れるのを待った。エジプト王専属の爪の手入れとひげ剃りをする者だ。すべてが日課として習慣化され、年がら年中、来る日も来る日も、メンフィスであろうとテーベであろうと、ほかのどの場所にいようと、まったく同じことが繰り返される。ふたりの侍者がやってきて、いつものようにこびへつらうが、王は体をすみずみまで調べられたり、剃刀をあてられたりする気分ではなく、爪を丁寧に整えることすら拒んだ。「今日は必要ない！」王がそう命じると、ふたりは驚いて、ゆっくりとしりぞいた。次に香水係がやってきて、オイルと甘い香りのする香油を塗りつけた。アメンホテプがかろうじて我慢していることだ。

すぐに着つけ係がやってきて、この日の予定にふさわしい衣装を提案した。「すばらしいチュニックと美しい帯の組み合わせではいかがでしょう？」彼は最上級の亜麻布で作った、プリーツ入りの白く長いガウンを掲げて言った。首まわりとフロント部分に美しい刺繡が施してある。帯の色は赤で、宝石が飾りつけてあった。

「それでよいだろう」。王はあまり関心なさそうに答えた。

「それから、豪華な巻き毛のかつらをかぶられてはいかがでしょう？」

「私には自分の髪がある」。王はイライラしながら言った。

アメンホテプ２世

実際に、アメンホテプは頭を剃られるのがあまり好きではなかった。かつらは重いし、暑苦しい。「謁見の間では、王冠のどれかをかぶることにする」。着つけ係は反論せず、王の腕と頭にチュニックを通し、腰に帯を結んだ。もうひとりの侍者が駆けつけて、王の目を強調するため黒い縁取りをし、後ろに下がって自分の仕事に満足して微笑んだ。「もう十分だ。下がってよろしい」。アメンホテプは素っ気なく切り上げた。「寝室に戻ってもう少し休む」

扉代わりの精巧なタペストリーを開いた守衛の横を通り、王は足載せ台つきの快適で立派な木製の椅子に座った。王宮内のほとんどの部屋がそうだが、王の寝室は、壁の上方に水平の開口部があり、昼間はそこから日の光が差し込み、夜間やそれ以外の必要なときにはオイルランプで明るさを補った。壁には気持ちを和ませる幾何学模様が描かれ、天井は星をちりばめた夜空に見えるように塗装され、穏やかな眠りを誘う雰囲気に仕上げられている。

アメンホテプは疲れていた。26年におよぶ最高権力者としての責任の重さに加えて、若いころの無謀な行動の積み重ねが、心はともかく、体にはかなりの負担をかけてきた。エジプトの繁栄は、彼が「マアト」、すなわち宇宙と社会の秩序を維持できるかどうかにかかっている。最高位の神官として、エジプトの王には神々を十分になだめ、国中に神殿を建設して維持し、適切な儀式を執り行なう責任がある。もちろん、毎日すべての神殿に自ら訪れたり、数ある祭礼に出席したりはできなかったが（領土全体に配置される神官の巨大な階層が存在した）、ときおり王の参列が必須となる行事があり、この月の終わりに近づいていたオペト祭もそのひとつだった。

王はエジプトの敵を遠ざけておくことも求められた。かつては自然の境界線が敵の侵略を防いでくれていたが、今では南と東からの脅威を警戒しなければならなかった。実際にほんの数世代前に、エジプトは東方の異民族ヒクソス人に占領された。北部に入植した彼らは、その後、土地を略奪して支配勢力となった。テーベで組織されたエジプト人部隊がこの侵略者と戦い、再びケメトの秩序と安定を取り戻した。ヒクソス人は征服されたものの、エジプト人はただ彼

ファラオの名前

エジプトの支配者の大部分はいくつかの名前と称号を持っていた。生まれたときに、「アメンホテプ」のようななじみある名前を与えられ、「アアケペルウラー」のような即位名は国王になったときに加えられる。この即位名は、エジプト学者が同じ誕生名を持つ王を区別するために使えるので、非常に重要だ。たとえば、アメンホテプやトトメスという名を持つ王は複数いて、ラメセスという名の王は11人いた。学者たちが「カルトゥーシュ」と呼ぶ楕円の枠（王名枠）のなかに王の誕生名と即位名がヒエログリフで刻まれており、多くの王の記念碑や芸術品の日付と所有者を決定するのに役立っている。

らを追放するだけでは終わらせなかった。その代わりに、遠方の土地まで勢力を拡大し、二度と外国勢力の支配下に入ることがないようにした。その結果、強大なエジプト帝国が生まれ、その恐怖が広まり、周辺国には朝貢品が期待され、戦利品が要求された。

アメンホテプの父で、トトメスの名を持った3番目の王は、エジプトの支配領域をそれまで最大に広げた。長い在位期間に17度の軍事遠征を行ない、戦士王としてのファラオの力を遠く北のシリアや南のヌビアの奥深くまで知らしめ、その結果として獲得した富が、エジプトをさらに繁栄させた。こうして父が大部分の基礎を築いてくれた今、アメンホテプの最高司令官としての責任は、征服した土地の住民が服従を続け、要求したものを差し出すようにエジプトの権威を保つことだった。アメンホテプが即位してから大々的な軍事侵攻が必要となったのは、これまでのところ3度だけだが、征服地を定期的に訪れ、支配を確かなものにする必要があった。

最初の軍事遠征は、エジプトの支配に屈することを拒み反乱を起こしたシリアのレテヌに対するものだった。恐るべきトトメス3世が死亡したことで、彼らはその後継者をかなり見くびり、状況を有利に利用しようとした。アメンホテプは自分が父親と同じくらい残忍な戦士であることを示そうと、自ら戦場に赴いた。彼の伝説ともなったある戦闘では、シリアのタクシ人の族長7人を捕らえ、エジプトに連れ帰った。勝ち誇ってテーベに帰還する王船の舳先(へさき)に族長たちを逆さまに吊るしたあと、王は槌矛[メイス]［柄の先端に石や金属を取りつけた打撃用の武器］で彼らの頭を殴って殺し、手を切り落とした。さらなる侮辱を与えるため、6人分の死体と切断した手をテーベの城壁に並べて見世物にした。残った7人目の腐敗した死体はヌビアに送りつけて警告にした。

数年後、アメンホテプは再びレテヌに侵攻し、オロンテス川を渡り、エジプトの支配に逆らう者すべてを罰し、略奪した。その2年後にもう一度カナンの蜂起を鎮圧するために行動を起こし、無慈悲な支配者という評判を広めた。残忍さを見せつけたもうひとつの例として、アメンホテプは捕虜たちに

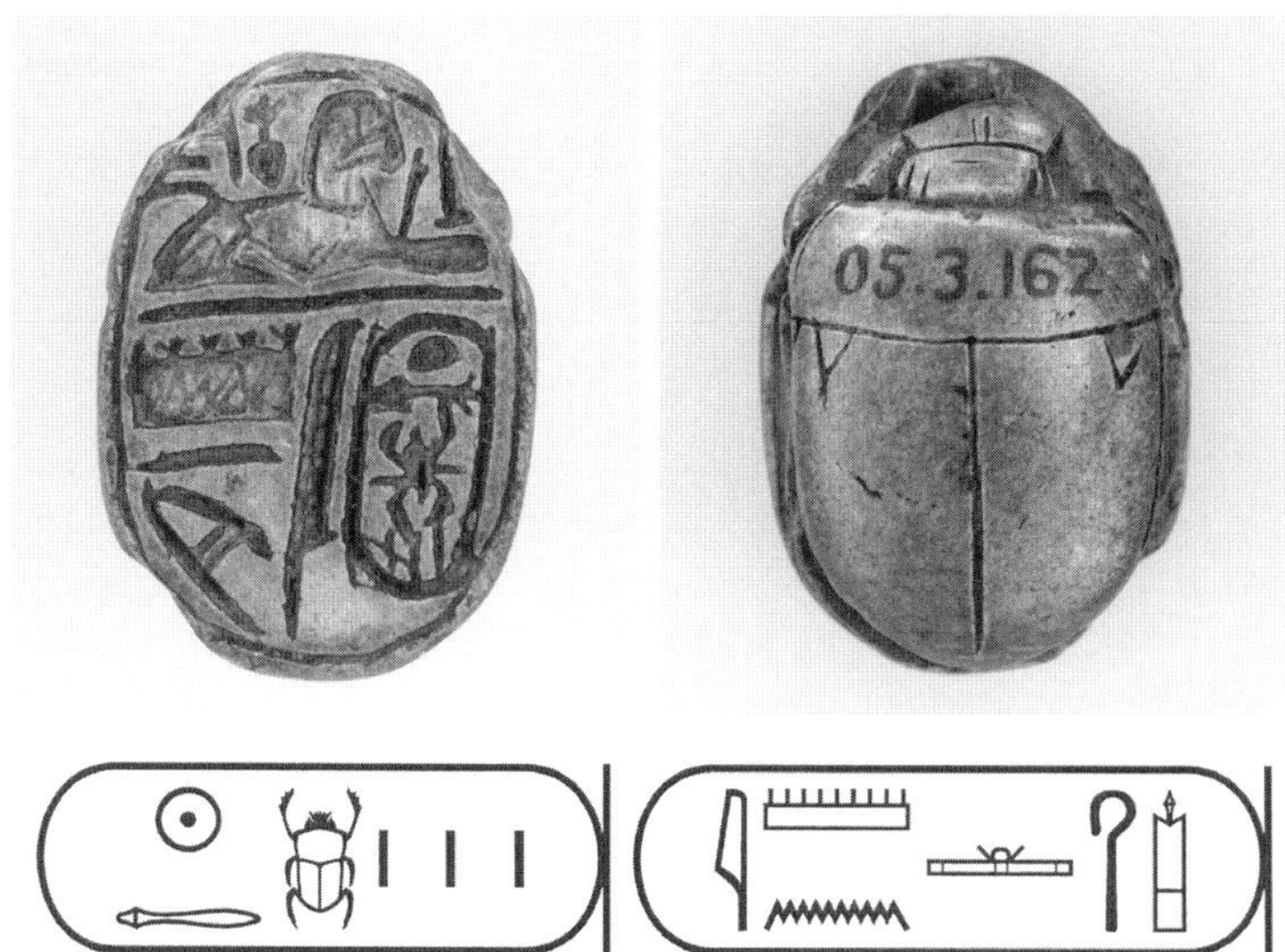

アアケペルウラー・アメンホテプという王名が、スカラベの護符（紀元前1427~1401ごろ）のヒエログリフのなかに完全な形で刻まれている。

一対の溝を掘らせ、燃えやすいものを入れ、そのなかに立って自分たちの運命を待つように言った。その後、捕虜たちに火をつけ、この地獄の炎から逃げ出す者がいた場合に備えて斧を手に、身の毛がよだつような光景を見守った。極端に暴力的な支配者の気質についてのうわさは広まり、反乱を起こそうとしていた者たちも考え直した。ヌビアとリビアの人々に対しても、必要に応じて同じように対処した。

扉が開き、王妃のティアアが入ってきた。やはり日課の入浴と身支度を終えたところで、香水の香りはファラオのものよりさらに強いほどだ。

ティアアは確かに美しく立派な母親だったが、夫妻のまだ生きている息子のなかでは最年長のトトメス王子をひいきしているようだと、王は気づいた。一般的な慣習として、父王が死んだときには長男がエジプトの王位を継承するものだが、アメンホテプはトトメスが跡継ぎとしてふさわしいかどうか疑念を持っていた。いくぶん弱々しく、たくましさに欠けるのだ。弟の何人かは軍隊で訓練を受けていたが、トトメスは馬を調教したり、狩りをしたり、砂漠まで遠出することを楽しんでいた。

アメンホテプ自身はまったくの反対で、その人並外れた運動能力はエジプト中にあまねく知れわたっている。馬の扱いは一流で、弓を射れば、移動しながらでも分厚い銅板を何枚も射抜くことができ、舟を漕ぐのでも、走るのでも、戦うのでも、誰にも負けることはないといわれ

カルナック神殿の花崗岩のレリーフに、優れたアスリートとして表現されたアメンホテプ2世。走っている馬車から放った矢が、分厚い銅板を貫いている。

た。帝国は維持されなければならず、ひ弱な者に王は務まらない。後継者についての不安はしばらく前から、アメンホテプの心に重くのしかかっていた。

椅子から立ち上がると、王は朝食が用意されているダイニングルームへ向かった。いつものように、テーブルの上にはエジプトで手に入る最高級の食べ物が並んでいる。量は多すぎるが、神である王にはふさわしい。この大量の食べ物が無駄になることはない。王宮内の数多くの侍者たちが、どこかほかの場所ですべて消費されるように取り計らうのだ。夜になるとまた新たに、より一層豪華な晩餐が準備される。ティアアと王子の何人かがすでに食べ始めていたが、大量のごちそうはほとんど量が減っていなかった。

ファラオがブドウ数粒、ナツメヤシをいくつか、ローストしたガチョウ肉数切れを、大きなカップに注いだビールで流し込むように食べたところで、服装を完璧に整えた恰幅のよい紳士が部屋に入ってきた。

アメンエムオペトというこの男性はパイリの俗称で呼ばれ、アメンホテプの子どものころからの友人というだけでなく、王の右腕の宰相として、エジプトの日常業務のほとんどを管理する、いわば監督官の監督官といった立場だった。毎日のように高官たちと会い、内容をまとめて王に報告していた。

東方からの訪問者

アメンホテプはうなりながら立ち上がった。王宮の侍者が急いで駆けつけ、コブラの形をした金ぴかの王冠を王の頭に静かに載せた。コブラの扇形の頭が王冠の前方に飛び出さんばかりで、そのなめらかな胴体が王冠を載せる者の頭に巻きついているように見える。宰相パイリが前になって、ふたりは謁見の間へと向かった。ファラオの姿が見えると、何列にもなって座っていた書記たちがうやうやしく頭を下げた。武装したいかつい兵士たちが壁に沿って2、3列に並んで警備にあたり、槍と短剣をすぐ使える態勢を整えている。窓から差し込む光とオイルランプが影をつくり、香の煙が漂うなか、太鼓を打ち鳴らす大きな音が響く。神なる王のいる空間に大胆にも進み出ようとする者は、この光景に間違いなく怖気（おじけ）づくだろう。

一分の隙もなく着飾った王は、檀上に置かれたまばゆいばかりの黄金の玉座に腰を下ろした。低い金張りの足載せ台の上にサンダルが置いてある。台にはアジア人、リビア人、ヌビア人と思われる人物像の浮き彫りがあり、支配者の足の下で征服されていることを象徴していた。玉座の後ろに扇を持つふたりの侍者が立ち（どちらもアメンホテプが信頼している友人だ）、やさしく風を送り始めた。この扇にはダチョウの羽根が飾られている。ティアアの椅子は後方の脇に置かれていたが、彼女の外見もやはり堂々としたものだった。パイリが美しい彫刻を施した木箱を持って近づき、アメンホテプはそのなかから彼の権力の象徴であるふたつのもの、金と宝石で飾られた笏（しゃく）と竿を取り出した。彼が父親のような指導者としての力と、無慈悲に裁く力の両方を持ち合わせていることをすべての者に知らしめるためのものだ。

「彼らを中に入れよ」と、王は命じた。すると、ふたつの大きな木の扉が開き、何人かの客と嘆願者が案内された。それぞれの両側に武装した守衛と、必要であれば通訳者がつきそっている。全員はちらりと王に目を向けたあと、両手足をついてひざまずき、次の指示があるまで鼻を床につけたままにするように命じられた。アメンホテプは座ったまま香の煙越しに彼らを静かに見つめ、笏と竿をクロスさせた状態で手に握ったまま動かさず、黒い縁取りで強調された目をぎらぎらさせた。その演出は意図的なものだった。支配者に間近に拝謁するというめったにない特権を得た者は誰でも、驚嘆してその場を離れ、その畏怖すべき経験を、耳を傾ける者すべてに語るだろう。

パイリが前に進み出て、大声で前口上を始めた。同様の暗唱を数百回は繰り返してきたので、すっかり頭に入っている。「見よ！　こちらは生けるホルス神、鋭い角を持つ力強き雄牛、テーベに姿を現すときには見事なまでに力強く、すべての土地を征服するためにその力を使う、ラー神の息子、アアケペルウラー・アメンホテプ様であらせられる！」

宰相は最初の嘆願を発表した。「ノウサギのノモス（上エジプト第15ノモス）より、州都ケメノウのトト神殿の大神官イアムネフェルが、お願いを聞いていただきたいと申しております」。

王はうなずき、神官は立ち上がった。

「私どもの神殿は修復を必要としております。私どもの神殿は拡張を必要としております。トト神は私たちに恵みを与えてくださっていますから、それだけの神殿を捧げるに値します。神である王に、この計画のための資金を私どもにお与えくださいますようお願いいたします」。アメンホテプはすでにこの嘆願について知らされ、宰相が国の財務監督官と協議した結果、承認という決定がなされていた。アメンホテプはひと言も発せずに、神官を真正面からにらみつけながら、ゆっくりとうなずいた。

「汝(なんじ)の要求は認められた」と、パイリは言い、神官は感謝の念で頭を下げたまま、出口まで導かれた。

同じような嘆願をする何人かの役人が入ってては出ていき、パイリはこの日の最後の訪問者に入るように命じた。「次は、遠くの土地からの特別な献上品です」。長い縞模様のローブを着て、あごひげを生やした老いぼれた男が、くるぶしまでの長さの質素なウールの服を着た少女ふたりと一緒に入ってきた。3人はひざまずき、立つように言われるまで動かなかった。「この男はヤアコブといい、レケシュ近くの小さな町から来ました。3人とも立ちなさい。通訳も」と、パイリが促す。「畏(おそ)れ多き国王陛下、生けるホルス神、鋭い角を持つ力強き雄牛、テーベに姿を現すときには見事なまでに力強く、すべての土地を征服するためにその力を使う、ラー神の息子、アアケペルウラー・アメンホテプ様は、汝らの町と住民のことをよく覚えておられる。父王も現王も住民を罰したが、それでもまだ服従を拒んでいる」

ヤアコブが話し始め、通訳が彼の言葉をエジプト語で繰り返した。「私はカナンの小さな町の長であります。町の民も私自身も、私たちの許されない行動をおおいに後悔しております。王様は強力な兵士たちを派遣し、私たちは愚かにも戦いました。これからは王様の偉大さを称賛いたします。今、私たちの町には献上すべきものがほとんどありませんが、あるものはすべて

王国の役人たち

古代エジプトの洗練された社会は、莫大な数の役人で構成される巨大な官僚機構によって管理されていた。役人には専門職の監督官や指導者、検査官、書記官、会計官などがいて、穀物倉からハーレムに入る女性たちまで、ほとんどすべてのことを監督するか、それに関係していた。王家には医者、執事、扇係、サンダル係、衣装係など、王のすべての必要を満たす数多くの侍者がいた。これらの政府の雇用者と彼らの活動にはすべて、助成金を出さなければならず、国民に課す税金や征服した土地からもたらされる富が、支出をまかなうのに役立てられた。

分かち合わせていただきます」。老人が話し続ける間、アメンホテプはその謝罪と称賛を退屈そうに聞いていた。「今日はとりわけ特別な贈り物を持ってまいりました。私のふたりの娘です。どちらも美しい娘たちを、エジプトとみすぼらしいわが町の和平の印として差し上げます」

アメンホテプは心を動かされなかった。父トトメス3世は、この町の長よりはるかに有力な外国の一族から妻として何人かの女性を贈られていた。しかし、それでも、これは紛れもないジェスチャーだった。パイリはこうした状況で何を言うべきかよく心得ていた。「神である国王陛下、生けるホルス神、鋭い角を持つ力強き雄牛、テーベに姿を現すときには見事なまでに力強く、すべての土地を征服するためにその力を使う、ラー神の息子、アアケペルウラー・アメンホテプ様は、汝の贈り物を受け入れられた。女たちを入浴させ、香水をふり、しっかり食べさせ、まともな服に着替えさせ、ハーレムに住まわせよう。そこで歌と踊り、王を楽しませる方法を教えられるだろう」。慎み深いふたりの少女と父親は、通訳された言葉を聞いて震え始めた。数人の兵士が進み出て、3人を謁見の間から外に連れ出すと、彼らは声を上げずに泣きながら去っていった。

「もう十分だ」と、ファラオはパイリに小声で言った。宰相は謁見の終了を部屋にいた全員に知らせた。王冠を頭から外し、笏と竿は再び箱に戻され、上エジプトおよび下エジプトの支配者は寝室に戻り、これからの数週間にこなさなければならない多くの公務を覚悟した。

オペト祭

この月の第15日、少なくともテーベでは、住民すべてがこれから始まろうとしている壮大なショーを楽しみにしていた。町の人口は外からの見物客で何倍にも膨れ上がり、誰もが本当に大掛かりで荘厳な雰囲気を味わえる機会に興奮し、待ちきれない思いでいた。毎年この日に開かれるオペト祭は、エジプトの成功と繁栄に多大な影響を与えた偉大なるアメン神を称える大祭である。アメン神、妻のムト神、息子のコンス神それぞれの神像が、威容を誇るアメン神殿「諸々のなかの選り抜きの場所」(カルナック神殿)から、少し南にあるもうひとつのアメン神を賛美する「南の聖域」(ルクソール神殿)までを移動するこの祝祭は、参列者のうち神官ではない多くの者にとって、実際に神の姿を最も近くで目にできる機会となる。

その日、早朝に目覚めたインテフは、アメンの神官を務める同僚たちといつもどおり身を清め、体を剃り、念入りに体を洗ったあとで、真っ白い亜麻の腰布を着けた。これは毎日繰り返される儀式だが、この日がいかに重要であるかを知っているため、いつも以上に敬虔な気持ちになる。すべてのもの、すべての人員が完璧でなければならない。インテフは普段はメンフィスで官僚として働いているが、1年のうちひと月の間だけ、同じように輪番制で神官を務める大勢のひとりになる名誉を得た。彼にとって今回はテーベでその役目に就くはじめての機会であり、はじめてのオペト祭だった。

太陽がわずかに顔を出し、アメンの大神官であるアメンエムハトと最も上位の神官たちが神を礼拝する時間になった。中庭を抜けて、神殿内のどんどん小さくなるいくつかの部屋を通っていく。その奥まった部屋で、アメン神が、崇められ、供物を捧げられ、衣服を与えられるのを待っていた。山と積まれた食べ物が最後の部屋の前の卓に並べられ、高価な香の香りがあたりに漂っている。背の高い木製の厨子(ずし)に近づくと、アメンエムハトは扉の封印を解いて開き、アメン神が宿る彫像をあらわにした。前日の儀式で香油に浸した麻の服を着せられたままのアメン神像から、注意深く服を脱がせて体を清め、再び服を着せて飾りつける。その間、外では神官たちが称賛の言葉を朗唱する。この儀式は毎日2回行なわれるが、この日、アメン神はいつもとは別の場所で夕食をとることになる。

アメンエムハトは厨子を閉じて再び封印すると、数人の神官を呼び、この重い箱を持ち上げ注意深く頑丈な木製の担架に移動するのを手伝うように言った。その作業を無事に終えると、厨子は中庭に運び出され、旅に備えて専用の運搬具に載せられた。装飾を施した大きな儀式用の木の舟で、その甲板に神像の厨子を安置する。長い木の担ぎ棒が船の底に沿って取りつけられ、これからこの聖舟は陸上での移動を始める。

すべてしっかり固定すると、アメンエムハトは輝くほどまっさらに身を清めた神官数百人が待つ神殿のさらに大きな中庭に向かった。「今日はオペト祭だ!」と彼は大声で宣言した。「われらが偉大なるアメン神は、最大限に壮大で神聖なやり方で称賛され祝福されるであろう」。インテフはその偉大な瞬間が始まる前から、畏怖の念に打たれていた。大神官は続ける。「今日は、12人の力強い男たちが舟に載るアメン神を2時間ほどかかる南への旅へとお連れする。舟は重いが、落とすことは許されない。運び手はアメン神の舟を決して落としてはならない！」

すぐに、年長の神官のひとりが全員に体の大きさ順に並ぶように言った。似たような体格の12人の頑強な男たちが陸路の旅で舟を運ぶために必要とされた。インテフは複雑な気持ちだった。神を運ぶ役に加わるのはとても名誉なことだが、同じくらい怖気づかせるものでもある。肉体的に過酷な仕事という以外に、ちょっとした混乱とまではいかなくても、人々が入り乱れて騒がしいなかでの仕事になるだろう。

アメンエムハトは列に沿って歩きながら、背の高さがまったく同じ神官たちが並ぶ列を探した。笑顔の者もいれば、感情を表に出さない者もいる。アメンエムハトはインテフを指さした。選ばれた12人以外は解散して、アメン神が居住場所からドラマチックな旅へと出発する準備を整えるため、ほかの者たちが集まっている一番外側の中庭に行くように指示された。

インテフを含む選ばれた運び手のチームは舟のところに移動し、年長の神官からの指示を待った。「舟を担ぎ上げ、静かに着実に運ぶ。アメン神が載っていることを忘れてはならない！アメンエムハトがおまえたちの前をゆっくり歩くので、おまえたちはそれに合わせて同じペースで歩く。周囲は騒がしいだろうが、自分の仕事に集中しなければならない。アメン神から知恵を授かろうとする者が群衆のなかにいるだろう。船のちょっとした動きから、何らかの神の意図を読み取ろうとするだろう。彼らの叫び声に注意をそらされてはならない。舟は非常に重

オペト祭の間にアメン神の舟を運ぶ神官たち。

いが途中で何度か休憩する場所がある。忘れてはならない。上エジプトと下エジプトの統治者、生ける神であるアアケペルウラー・アメンホテプ様ご自身も参列される。王を失望させることも、アメン神を失望させることもあってはならない！　決して舟を落としてはならない！」

厳しい命令が下され、運び手の神官たちは舟に近づいた。インテフはなんとかして恐怖心を鎮めようとした。船の両側に6人ずつたくましい神官たちが並び、合図とともに厨子を載せた船をいっせいに持ち上げ、担ぎ棒をしっかりと肩に担いだ。アメンエムハトがやってきて先頭に立つと、一番外側の中庭に向かった。そこには行進に参加するものすごい数の人々が整列して準備を整えていた。舟が現れると、太鼓が打ち鳴らされ音楽が奏でられるなか、大行進を始めるため全員が神殿を出た。

最前方は完全武装した兵士の一団で、ファラオが乗る馬車を取り囲み、行進する道に詰めかけて並ぶ群衆から守っている。そのあとに祈りを唱え、賛歌を歌いながら進む坊主頭の神官たちの一団が続く。何人かは神を喜ばせるための香を手にしている。その次が舟とその運び手たちで、兵士や数十人の楽師や踊り手がつき従った。行進の速度はゆっくりしていたので、踊り手の何人かは宙返りをしたり、むずかしい曲芸的な動きを見せたりして、それが行進に特別に陽気な雰囲気を加えた。

あらゆる職業の数千のエジプト人がアメン神、あるいは少なくとも彼の厨子を、そして運がよければ王の姿をひと目だけでも見ようと沿道を埋め尽くした。一番よい服を着た官僚たちの集団や、朝の作業でまだ汚れた服のままの労働者たちもいる。農夫のバキも家族と一緒に通りに出て、まだ幼い息子を担ぎ上げて、大行進を見物できるようにした。忠告どおり、見物する群衆からたびたび叫び声が上がる。「偉大なる神、アメンよ！　私の妻は妊娠していますか？どうか、おしるしをお示しください！」あるいは、「私の息子は今年、結婚するでしょうか？」と叫ぶ者もいる。インテフの顔めがけてハエが飛んできた。思わずたじろぎ、なんとかやり過ごそうと目を細めたために、一瞬だけ舟が傾く。行進が進む間、神の助言を求める者たちは、舟が少しでも傾いたりするのを、神からの答えだと自分に都合よく解釈した。

それほど遠くないところに、アメン神の妻であるムト神の小さな神殿があった。そこで、女神の厨子を載せた少し小さい舟を担いだ神官たちがアメン神の舟の後ろに加わり、彼らの息子コンス神の神殿にも立ち寄り、同じように舟が加わった。インテフは感覚を麻痺させるような緊張感と周囲の騒がしさ、そして舟の重さのために、すでに疲れ始めていた。幸いにも、少し

カルナック

カルナック神殿複合体の建設は中王国時代のセンウセレト1世の在位中（紀元前1950年ごろ）に始まった。その後の歴代の王がほぼ2000年にわたって拡張し、現在は247エーカー（約100ヘクタール）を超える領域を占め、列柱、塔門、彫像、聖湖、オベリスクなどがある。カルナックは世界最大の宗教複合体とみなされ、アメン神とその妻のムト神、息子のコンス神に捧げられた神殿のほか、さまざまな国王の彫像もある。羊の頭を持つスフィンクスが並ぶ祭礼用の参道で、南に3キロほど離れた巨大なルクソール神殿と結ばれている。

先の場所に棒を下ろすのに完璧な高さの台があり、そこで短い休憩をとったあと、目的地に向かって行進は再開された。まもなく、南の神殿の柱が徐々に大きく見えてきた。中庭の歓声に迎えられ、アメン神の舟はついに壁のなかまで運び込まれると、準備されていた場所に据えられた。すぐにムトとコンスの舟も南の神殿に到着した。

インテフは重圧から解放され、達成感と誇らしさで胸がいっぱいになった。12人の運び手は休息し、お互いを祝福し合った。ほんの2、3時間の旅ではあったが、分かち合うエピソードはたくさんあった。ひとりの神官は群衆から投げ込まれた大きな熟したイチジクが顔に当たり、別の神官は宙返りをしている踊り手のひとりが脚にぶつかって、もう少しで転びそうになった。また、全員がアメン神の答えを求めるさまざまな願いを耳にした。「アメンの神様、私の髪はまた生えてきますか?」というのがみんなのお気に入りで、神官のひとりは、真実を求める者たち何人かに詰め寄られたとき、頭と目をわざと回し、神からのあいまいな答えを演じてみせた、と告白した。

アメン、ムト、コンスの神々は南の神殿に11日間とどまり、その間毎日、祝宴が開かれる。エジプトの最高神官であるアメンホテプ自身が積極的に参加し、そうすることでアメン神とのつながりを強化し、自分の神性も再活性化する。参加者のほとんどは神々の像を実際に目にできなかったものの、すべての中心にいるのは訪問中の神々で、毎日何度も着替えをされ、聖油を塗って清められた。

祭りの大部分の間、インテフはカルナックでの日常の仕事と同じように、必要とされたときに手伝うだけだったが、11日目がやってきて、再び任命されたチームが舟を運ぶときがきた。しかし、帰りの旅はまったく違うものだった。まだ痛みのある肩に棒を担いだインテフは、帰

戦士ファラオの穏やかな側面

アメンホテプ2世は外国の敵対者の扱いでは残忍さで知られていたが、意外にも彼は動物、とくに馬が好きで、花を愛でる心もあった。父親のトトメス3世は植物園と個人動物園も維持していた。1906年、王家の谷で装飾されていない小さな墓が3つ見つかり、ヒヒ、犬、数羽の鳥のミイラが入っていることがわかった。その墓は古代に盗掘にあい、なかで見つかった動物のミイラは貴重品を探す盗賊に外側の包帯をはぎ取られていた。これらの動物の埋葬についてはまだ謎が残っているが、一般には、アメンホテプ自身の墓所から近い場所に葬られていたので、王のお気に入りのペットだったと推測されている。

りの旅は短く、舟を注意深く川の土手まで運ぶだけでよいのだと知り、ほっとした。そこから3艘の舟は荷船に載せられてもとの神殿まで川を下る。荷船にはアメンホテプ自身の「アアケペルウラーはふたつの国の建設者」という名前のついた王の船がつき従う。ナイル川の土手に群衆が列を成して歓声を上げた。カルナックでは、舟を運ぶ新たなチームが不安と緊張でいっぱいになって待っていた。オペト祭は終わり、インテフの神殿での毎年の務めも終わりに近づいた。これは心動かされる大成功に終わった祝祭で、何より重要なこととして、彼らはアメン神の舟を落とさなかった！

第3章 増水期 第3の月

漁師たち

ネフェルは川岸までのんびり歩いていった。彼が住んでいる掘っ立て小屋はバキの小麦畑に隣接する高台にあり、そこから川まではほんの短い距離だ。粗末な家に住むことはまったく気にならなかった。古びた泥煉瓦の壁3面にヤシの枝葉の屋根、眠ったり座ったりするためのマットと毛布があるだけで、折りたたんだきれいな腰布を2、3枚重ねたものが枕代わりだ。仕事柄、ほとんどの時間は服を着る必要がない。ナイル川の漁師の生活はつねに水浸しで、しばしば泥にまみれ、魚の臭いが体に染みついている。まだ結婚もしていないので、これまでのところ、彼の生活はごくシンプルなものだった。仕事は安定していて通常は楽しめたが、ときおり危険なこともある。川の流れが変わりやすいため、溺れる可能性はつねにあった。屈強な泳ぎの名手でさえ、流れにのみ込まれると力を奪われる。そして、エジプトで最も恐れられている生き物――ワニとカバ――が毎年多くの漁師や住民の命を奪ってきた。

ネフェルの父親と兄弟ふたりもほんの数年前にその悲運に見舞われた。怒り狂ったカバの巨大な頭が川底から現れて、大きく開いた口が、彼らの薄っぺらな小舟を真ん中から食いちぎったのだ。カバの強力なあごと鋭い牙が、舟に乗っていた3人に致命傷を与えた。川岸にいたネフェルは、叫ぶ以外になすすべはなく、のちに下流で3人の死体を回収した。獰猛かつ無差別に新鮮な肉をねらうワニとは違って、カバは草食なのだが、彼らの怒り狂った行動はまったくの悪意によるものとみなされた。それでも、ネフェルは自分の仕事をたいていは楽しむことができ、彼にとっては不快に思えるほかのほとんどの職業よりも、好ましいと思っていた。それに、よいことでも悪いことでも、つねに予想外の出来事に遭遇する可能性がある。水に入るたびに冒険心がくすぐられた。

ネフェルが川に着くと、漁師仲間の数人が砂の上に座ってこの日の仕事のために網の修理をしていた。ネフェルはこのグループと一緒に働くのが大好きだった。彼のいとこも何人かいる。全員が同じくらいの年齢で、ネフェルのおじに雇われていた。おじは若者たちが生活に必要なものを十分に与えられるように面倒を見てくれた。パンとビール、もちろん魚も。その日に釣った魚の大部分は新鮮なうちに市場で売られる。「今日はきっと大漁で、いい日になるよ。

ハピ神が気前よくお与えくだされば」。ネフェルはそう宣言し、友人たちも同意した。その日の仕事は比較的簡単だった。ふたりひと組の舟2艘が協力して網を広げ、残りの者は川岸で魚を釣る。

何も捕れない日はめったになかった。彼らの小さな舟を水際に浮かべると、漁師たちはどこかおかしなところはないか注意深く調べた。舟は岸近くに浮かんでいるパピルスの茎を集めてしっかりと束ねて作ったもので、丈夫にするためにいくつかの結び目で締めて固定する。舟の両端は先に向かって細くなるように結び、上向きに引き上げてから舟の底に取りつけたひもで固定する。舟に積む通常の道具は、銛（もり）、舟を操る竿、網を入れたかご、木の棒だ。すべてきちんとそろったら、乾燥させたパピルスの茎の両端を結んで輪にしたものをふたつほど、舟の上に投げ入れる。緊急事態の際にその輪を肩にかければ水面に浮かんでいられる。

かごをいくつか積み込むと、2艘の小舟は竿を使って川に漕ぎ出した。今日はネフェルが網を操り、両方の舟を近い距離に保ち、片方の舟からもう一方に網を放る。もちろん、あたりを泳いでいる魚を一網打尽にしようという考えだが、実際にはそれほど簡単ではない。川にはたくさんのがらくたや植物が浮かんでいて、それが網にかかったり網を破ったりすることもある。ほかにも網におかしなものがかかったという話はたくさんあった。ヤシの木や、膨張したヒヒの死体、どこかの漁師のもつれた網、死んだ村人がかかることすらあった。

ナイル川の岸辺で働く漁師たち。

舟の中央にバランスをとりながら立ち、ネフェルは網の一方の端を持ち、相方がもう一方をつかんだ。練習を積み重ねた見事な協力作業で、彼らは網をもう1艘の舟めがけて放り投げ、そちらに乗っていた仲間がそれをつかむ。網の下のほうは水面下に沈ませる。数分間、辛抱強く待ったあと、2艘の小舟は岸に向かい、ほかの仲間にも手伝ってもらって網を引き、収獲を確認した。絡まり合ったずぶぬれの植物と死んだトキの間に、数匹の魚がはねていた。仲間のひとりが木の棒でそれらを殴って殺してから、かごのなかに入れた。網を投げた者たちは注意深くがらくたを除き、再び川に漕ぎ出していく。

川岸から釣り糸で魚を獲る者たちも、それなりの収獲はあったが、もっと下流にこの仕事の名人と思われる老人の姿があった。ほとんど目が見えず、ひとりで働いているタヌニが、銛を持って川の端をぶらつき、わずかに残った視力で水中をにらみつけていた。相当な忍耐力で長いときには何十分もとどまったあと、ようやく銛を水のなかに突き刺し、たいていは驚くほど大きい魚をものにする。ときには、ネフェルと仲間たちの収獲を合わせたよりも多くの魚を持ち帰ることすらある。彼らはその腕前を見て驚き、白くどんより濁った目をした老人に一度、なにか秘訣（ひけつ）があるなら教えてほしいと頼んだことがあった。彼の答えはわざとあいまいにしているように聞こえた。「見えなくても聞こえるし、臭いがわかるし、ときには感じもする。それに、わしは辛抱強い」。タヌニは見事な手さばきで魚をこともなげにきれいにし、いつも比較的短い時間で切り上げて、いっぱいになったかごを持って立ち去った。

　満杯になったかごを肩に載せ、ネフィルは仲間のひとりと一緒に乾いた高台の道を歩いて村に向かった。そこでは市場がフル稼働している。ネフェルのおじはイライラしながら待っていて、収獲を確認するといつものようにがっかりした表情を見せた。かごから一番小さい魚をつかむと、ふたりに1匹ずつ渡し、1日の賃金代わりである食べ物のほうを指さした。近くのマットの上にいくらかのパンとビールの入った壺が置いてある。「明日はもっと持ってきてくれよ」。おじはいつものように、素っ気なく言い放った。

農夫が徴集される

ナイル川の氾濫で畑が水浸しになっている間は、農作業は比較的楽になり、この時期は気温も心地よい暖かさで、やさしいそよ風が吹く。そんなある日、バキは上機嫌になって、昼食と昼寝を楽しみにしながら村の通りを歩いていた。自分の家までもう少しのところで、彼はいったん足を止め、家に戻る別の道を探した。ふたりの男が隣の家の戸口に立ち、そこの住民と何か言い合っていた。ひとりは王宮か政府の役人らしい汚れひとつない服を着て、もうひとりは短い腰布を巻き、手に恐ろしい槍を持ち、脇には短剣を差している。

いくつかのぬかるんだ畑の端を通り、バキは目立たないように自分の家までたどり着くと、なかに駆け込んだ。ドア代わりにしているシーツをわずかに引いて、彼はふたりの男がこちらに向かって歩いてくる姿をとらえた。「もし男たちがここに来たら、おれは留守だと言ってくれ」と、彼は妻に頼んだ。「足を骨折して、遠くの村の親戚の家で療養していると言うんだ！」「そんなことは言えません」と、ムトゥイは答えた。彼女は毎年のように繰り返されるこの状況をよく理解していた。ふたりの男は政府の役人で、1年の短期間だけ政府の仕事に雇う農夫や他の住民を集めてまわっていた。やってくるふたりのうち、ひとりは正式な知らせを伝える書記、もうひとりは兵士で、その容貌だけで有無をいわせず従わせるような威圧感がある。前年、バキは数週間、北に船で1日ほどの場所に巨大な穀物倉を建設する仕事を手伝わされた。仕事自体はそれほど大変ではなく、大部分はずらりと並んだ男たちが日干し煉瓦を次々と手渡していき、最終的に煉瓦職人が所定の場所におさめるといったものだが、つまらなく退屈な作業だった。

徴集された者たちは粗末な宿舎で眠り、毎晩ほかの労働者のいびきやその他の不快な物音に悩まされる。食べ物は豊富だったが味気なく、ビールも同じで、泥や漆喰(しっくい)を扱うので、きれいな状態を保つのはむずかしい。しかしバキは、非協力的だったり仕事をさぼろうとしたりしないかぎり、労働者たちがとくにひどい扱いを受けないことも認めていた。常勤の作業監督たちはみな、補充された労働力は、徴集された農夫たちが家族から引き離されることで得られるものだとわかっている。もし本当に危険だったり過酷すぎたりする作業があれば、それをやらせる囚人や外国人の捕虜がつねに存在した。

バキはふたりの使者が家の戸口まで近づいたのを見て、寝床に飛び込み毛布を頭からかぶった。ほんの一瞬後、予想された声が聞こえた。「こんにちは。農夫のバキさんに話があって来ました。ここはバキさんの家ですか？　バキさんはいますか？」ムトゥイはドアを開いて訪問者を迎えた。話をしているのは明らかに書記で、長々と名前のリストが書き込まれたパピルスの紙を持っている。武装したもうひとりは黙って脇に立っていた。

「ここはバキの家です」。ムトゥイはそう答え、夫は見つかって話をしないですむことを願って隠れたままでいた。「バキは家のなかで昼寝をしています」

バキは妻を憎らしげに見て、立ち上がると、本当に眠っていたかのように、ぼんやりしたようすで目をしばたたかせながら、戸口に立っているふたりの男性のところに行った。ムトゥイは実際のところ、たいていは夫をありがたく思っていたものの、夫のいない時間も楽しみにしていた。とくにナイル川の増水期に、夫が家でぶらぶら過ごす時間が長いときには。「こんにちは、バキさん！」と、書記が声をかけた。「われわれがここに来た理由はおそらくおわかりでしょう。偉大なるアアケペルウラー・アメンホテプ王、彼の尊敬すべき宰相アメンエムオペト、そして、王家の仕事の監督官ベニアのために、あなたの力が必要とされています。陛下の『100万年残る家』の建設を手伝うという最高の名誉が与えられる作業を手伝っていただきたいのです」

バキはうめき声をなんとかこらえた。しばらく前から手の込んだ葬祭殿が建設中で、現在のファラオの死後に、彼を追悼し称賛するための永遠の場所になることは知っていた。どうやらまた煉瓦を後ろから前へ手渡しする建設現場での作業のようだ。一方で、今回の場所は川の反対岸のいくつかの葬祭殿が集まったエリアで、彼の家からも見えるくらいの距離だった。バキは要請をはねつけるほど愚かではなかったが、いくつか質問をした。

「作業はいつからですか？　どのくらいの期間、協力が必要なのでしょう？　毎晩自宅に戻ることはできますか？」

「働いていただきたいのは4週間、1日を通して作業がありますから、あなたとお仲間には快適な宿舎とおいしい食事をご用意し、ご家族にはあなたがお留守の間、十分な穀物とビールが配給されます。どうぞ明日の夜明けに、王宮前の船着場に来てください。私たちはそこでお待ちしています。そこから川を渡って現場に向かいます。あなたの仕事は神々を敬うものですからご安心ください」

陶工

ロイは陶器を作るのが好きだった。まだ小さいころから泥まみれになって遊び、しだいに洗練されたミニチュアの器を作るようになり、父親を感心させすらした。父親もそのまた父親も同じ陶工で、何世代も続く陶器職人の家系だった。ロイの父親はいつも同じことの繰り返しの単調な仕事に不満を漏らしていたが、息子のロイはそれを楽しんでいるようで、熱に浮かされたように真剣に取り組むようすはほとんどの人には奇妙に見えた。来る日も来る日も、早朝に工房にやってくると、ほとんど休みもとらずに働いた。途中でいくらかのパンをむしゃむしゃ

陶器と考古学

完全なものでも割れたものでも、陶器の遺物は古代エジプトや他の古代文明を調査する考古学者に貴重な情報を与える。陶器はほとんどの古代社会で使われる不可欠な日用品だった。陶製の壺や瓶、鉢や皿、杯は、現在と同じようにさまざまな用途があり、時が経つと壊れてしまうので新しいものに取り換えられる。現代社会で衣服や家具の流行が定期的に変化するように、陶器も時代とともに変化した。時代ごとの陶器の様式の特徴がわかると、ほかにほとんど遺物が残っていなくても、専門家がその遺跡や遺跡の一部がどの時代のものだったかをおおまかに、あるいは細かく特定するのに役立つ。

食べ、ビールを一気に飲み干すための時間をとるくらいだ。

ロイは裕福な工房経営者のために働いていた。その工房では壺やあらゆるサイズの器のほか、ビール、ワイン、オイル、穀物など、輸送や保存が必要なものを入れる容器を製造していた。仕事はつねにあった。どんなに優れた陶器でも、いつかは壊れる。あちこちの村の外れに山積みになっている破片がそれを証明するだろう。それに、永遠に製造を続けられるほど十分な原料がすぐ近くで手に入った。

ロイはめったに話をせず、監督官は誰よりも腕のよい陶器作りの天才をじゃまするようなことはしなかった。25歳でまだ両親と一緒に暮らしているロイは独身のままで、周囲には、もし彼が妻を見つけられるとしたら、相手は陶器の壺に違いない、などと冗談を言う者もいた。この1週間ほど、彼は取っ手つきの丸い壺数百個の製作で忙しかった。特別むずかしいというわけではないが、それなりのスキルと少しばかりの集中力が必要とされる。

陶器作りの手順としては、まず粘土を用意する。これはナイル川の土手近くや、砂漠の端の土地から簡単に手に入る。ロイが働いている工房はその両方から粘土を集めており、とくにバキの畑の端のほうの一画に良質の粘土がとれる場所があった。それを使わせる代わりに、バキは余った陶器をもらえる。陶器はほかの生活必需品との物々交換にも使えた。数人の少年が粘土集めのために雇われていた。粘土はしばらく水に浸してから、砂や添加物を加えてよく混ぜる。適度な硬さになったら、大雑把に丸い玉にして、かごに入れて陶工のところまで運ぶ。

少年たちはその作業のために、いつも頭から爪先まで泥で覆われているように見えたが、ロイは自分が同じように泥まみれになっていることにほとんど気づかなかった。小さな支柱に平らな石のろくろを取りつけたものの前に座り、粘土の塊をつかむと慣れた手つきで作業に取り掛かる。ときどき水の入った壺に手を入れて濡らし、左手でろくろを回しながら、右手で粘土を成形していく。ほんの数分で、均一の厚みになった粘土がよい形になり、外側に取っ手をくっつけたら、少しの間、置いて乾かす。まだやわらかく、ひび割れのない状態のうちに、装飾を施すか、色を塗るが、今回のような同じ形の器の大量生産のときには、装飾も彩色も必要なかった。

近くには、泥煉瓦で作った大きな窯が準備され、上部の穴からまだ焼かれていない陶器を注意深くなかに入れて並べる。窯の下から火をつけると、上部の穴をふさぎ、決まった時間が過ぎたら、完成して固くなった器を冷まし、いまや固定された取っ手をつかんで取り出して、近くに積み重ねていく。ロイはこれまで数え切れないほどの器を作ってきたが、窯から取り出した自分の作品を、いつも少し離れた場所から眺めてはうっとりしている。ナイルの堆積物から作った器はほとんどいつも、茶色っぽい色か、ときには赤味を帯びた色になり、それ以外の粘土はもっと明るい色になる。

仲間たちよりもっと多くの陶器を、一貫した高品質で作りたいという飽くなき願望を持つロイは、みんなが帰ってしまったあとも遅くまで働き続けるのがつねだった。ときには、特別なプロジェクトに取り組むこともあり、そうした直近のプロジェクトは、ベス神の醜い顔や体形をかたどった注ぎ口のある水差しだった。それは母親への贈り物にする予定のもので、母は陶器嫌いの父とは違い、びっくりして喜んでくれるはずだった。これを作るにはろくろで回す以上のスキルが求められ、ほとんどの部分は内側から外側に向かって成形しなければならない。上部から手を入れたロイは、注意深くベス神のグロテスクな容貌を再現するため、内側から外に粘土を押し出し、小さな粘土片を外側につけ加えて、膨らんだ目、垂れ下がった舌、ふぞろいのあごひげの細工をした。窯に持っていく前に注意深く彩色もしなければならない。機能的で芸術的でもあるこの水差しを、間違いなく母親は大切にしてくれるだろう。

2年ほど前のある夜、遅くまで働いていたロイは、「ワー」と名乗る男に作業を中断された。男はロイに、ときおり彼のために特別な壺を作ってくれないだろうかと頼んだ。ワーは連れてきたロバの脇に下げた網から大きな壺を取り出し、地面に置いた。「エジプトのものじゃない!」と、ロイは叫んだ。

「そのとおり」と、ワーは答えた。「どこかほかの土地のものだ。しかし、この形は非常に魅力的だ。これに似た壺を私のためにいくつか作ってもらえないだろうか? お礼に、上等なワインをいくらか持ってこよう。お仲間や家族に分けるのもいい」。ロイは興味深い明るい色合いの、取っ手つきの器をじっくり観察した。本当に変わったつくりだったが、彼の手に負えないほどむずかしいわけでもなさそうだ。「これを10くらい作ってもらうことはできるかい?」ワーはロイに美しい杯に入れたワインを手渡して言った。ロイは一気に飲み干して、杯を差し出し、おかわりを求めた。さらに何杯かのおかわりのあと、ロイは同意し、ワーは彼の残業時間の常連客になった。

王子

ひんやりした砂漠の空気が太陽の熱を和らげるなか、馬に乗ったふたりの男がまばゆいばかりの巨大な記念碑に近づいた。トトメスは自分の馬から降りて、手綱を護衛に渡した。片手をかざし、目を細めて反射する光を見やりながら、若い王子は遠い昔の王たちが建設させた3つの巨大な石のピラミッドをうっとりと眺めた。メンフィスからも遠く離れた北の地に見えるこれらのピラミッドは、エジプトにある他のピラミッドとは違っていた。この地域にはたくさんのピラミッドがあるが、大きさでも迫力でも、これらに匹敵するようなものはなく、首都からもっと南に見つかるこれより新しいピラミッドのいくつかは、もっと安上がりに建設され、中心部には泥煉瓦が使われ、すでに崩壊する徴候を見せ始めていた。

王子にはもっとほかになすべき重要なことがあると考える父王の失望をよそに、トトメスはこの場所を頻繁に訪れていた。一番大きいものは、1000年以上前にエジプトを統治していたクフ王のピラミッドで、そびえるように立ち、隣のふたつと同じように、磨かれた石灰岩の化粧石が輝いている。神王クフの遺体は内部に埋葬され、ピラミッドの大きさそれ自体が人間の略奪者から墓を守っていた。この記念碑の形は、太陽光線を一点に集める天国への階段のように見え、アトゥム神が他の神々を創造するために立ち上がった原始の小山にも似ている。

息子であるカフラー王のピラミッドは、クフ王のピラミッドと大きさではかなり近い。カフラーは自分のピラミッドを父親のものより高く見えるように、少しだけ高い場所に建てさせたが、実際の寸法はわずかながら小さい。3番目のピラミッドはメンカウラー王のものとされる。ほかのふたりのものと比べるとかなり小さいが、それでも、下部にはエジプトのはるか南から運ばれた赤い花崗岩を化粧石として使っていて、堂々たるものだ。近くにある6つの小さいピラミッドは王妃や王子の墓室を含むといわれ、その周囲に列をなす数百のずんぐりした長方形の構造物は、遠い過去の時代の大勢の王家の侍従や友人たちの個人墓として建てられた。

3大ピラミッドそれぞれのそばに神殿があり、はるか昔には供物が捧げられ、石畳の道でほかの神殿と結ばれていた。そこは特定の支配者の葬儀の間に使われていたらしい。トトメスはどれだけ多くの人々が、どれだけ多くの時間をかけて、この建設に関わったのだろうかと計算するのに苦労した。

数千もの人々が重い石材を引きずって、計画どおりの場所に配置していくのは、壮大な光景だったにちがいない。若い王子は、ピラミッド造営に携わった職人たちが暮らしていた大きな村の泥煉瓦壁の遺跡が、風によってときおりあらわになったときに、事業の規模の大きさを推し量ることができた。その村は近くにあるほとんどすべてのものと同じように、放置され、砂に押しつぶされている。

最低でも、莫大な数の職人たちのための食べ物と宿泊場所が必要だったはずで、パン職人とその工房、その他の食料を提供する場所、職人たちのための宿舎、大勢いた負傷者を手当てする医者たちが必要とされただろう。今と同じように、毎年の川の氾濫期には大勢の農夫がひまになるので、フルタイムで働く専門の職人を助けるための労働力を確保するのは簡単だったはずだ。川が氾濫すると船で作業現場に近づけるという利点もあった。とくに、川の反対側の採石場から石を運ぶときには役立っただろう。

トトメスは、この場所の尽きない魅力を堪能しながら、偉大な記念碑を歩いてまわるのが好きで、それぞれのピラミッドをひとまわりする間、護衛と馬が彼に続いた。若い王子はお気に入りの記念碑を最後にとっておいた。古代の支配者カフラー王を太陽神ホレマケトの化身として象徴する、基盤石に彫られた巨大なスフィンクスだ。横臥(おうが)したライオンの体に、王の頭部がついている。残念ながら、砂の上に出ているのはスフィンクスの巨大な頭だけで、その王の頭飾りとあごひげが、東に向けた視線の力強さを増している。岩に彫られた水路のなかに建てられたため、自然の作用がその胴体を砂に埋めていた。

古い時代のものだが、スフィンクスにはまだ効力があるとみなされ、アアケペルウラー・アメンホテプ自身も数年前に、近くに小さな神殿と石碑（ステラ）を建てていた。大部分は泥煉瓦造りで、石灰岩とまぐさ石で補強したその記念神殿は、高台の平らな石灰岩床の上に位置し、入口はスフィンクスの大きな頭で劇的に縁どられていた。

大ピラミッド

現在のカイロの郊外にあるギザのクフ王の大ピラミッドは、約4・86ヘクタール（13エーカー）の土地を覆い、かつては146・5メートルの高さがあり、基底部の1辺の長さは230・6メートルだった。紀元前2550年ごろに建築され、およそ200万の切り出された石が使われたと推測される。この計画には数千人の労働者が動員され、完成まで20年から25年かかったと思われる。労働者の多くはナイル川の毎年の氾濫期に徴集された農夫たちだったかもしれない。このピラミッドは、1311年にイングランドで完成したリンカーン大聖堂の高さ160メートルの尖塔に追い越されるまで、地球上で最も背の高い人工物だった。

まだ午後の早い時間に、若い王子はカフラーの頭の隣にマットを広げ、選りすぐりの野菜、ガチョウ肉、小さな壺に入れたワインの昼食を楽しんだ。ほどなく、彼はうとうとと眠り込んだ。護衛は警戒しつつも距離をとって立っている。うたたねの間に王子が見た夢は、深い意味があり予言的でもあった。ホレマケト神のスフィンクスが現れ、ひとつの約束をした。彼の体を覆っている砂を取り除くなら、トトメスはやがて間違いなく王になるだろうと言ったのだ。はっと目覚めた王子は馬にまたがり、南のメンフィスへの帰途の旅を始めた。頭のなかは夢で見たことでいっぱいだった。

ギザ台地の大ピラミッドと、一部が砂に埋まったスフィンクス。1920年代にはじめてスフィンクスの全身が掘り起こされた。

メンフィスの王宮では、アメンホテプ王が不愉快な気分で過ごしていた。トトメスがやがて国を治めるつもりなら、学ぶべきことがたくさんあるのに、また気まぐれな計画で外出し、時間を無駄にしていたからだ。アメンホテプは重大な決定を下そうとしていた。おそらくトトメスではない、ほかのもっとたくましい、優秀でまじめな弟のひとりが後継者になるべきだろう。王がまもなくその考えを公にすれば、人民の間には疑念も生まれるだろうが、エジプトのためにはそれがよいと思われた。ファラオはその考えをティアア王妃に告げてみたが、王妃は強く反対した。明らかに彼女のお気に入りはトトメスで、とくに兄のウェベンセヌが死んだあとはそうだった。その兄はアメンホテプにも愛されていた。王はあまりの悲しみのために、王子のなきがらをまだテーベのそばに建設途中だった自分の王墓のなかの小さな部屋に安置した。

トトメスは護衛とともに王宮の門をくぐると、馬を彼らに引き渡した。意気揚々として母の寝室に向かうと、彼は興奮した口調で夢の話をした。王妃はそれを聞いて、トトメスがやはり後継者にふさわしいのだとある程度は確信したが、同時に疑いも芽生えた。王に対して、彼の本能は間違っていたと納得させるには、若い王子の夢だけでは不十分だ。ティアアがこの話を夫に聞かせると、思ったとおりの反応が返ってきた。エジプトの神々とはともに国を支配する関係ではあるものの、アメンホテプはそのような夢のお告げには惑わされなかった。

第4章 増水期 第4の月

書記の師弟

ミンナクトは埃っぽい長い道のりを川に向かって歩いた。後ろには若い男がつき従っている。彼らの革のサンダルの足跡は、裸足の爪先とかかとの足跡ばかりのなかで、はっきりと区別できた。ふたりの後ろをおとなしく歩いているのは、ひもでつないだ猿を背中に乗せたロバで、そのすぐ後ろにはヤギもつながれている。ベテラン書記ミンナクトのこの日の目的は、王宮で自分が使う高品質の紙を仕入れることだった。普段なら使いの者を送るのだが、若い見習いのダギはまだこの仕事に就いたばかりで、手順を学ぶ必要があった。ミンナクトは、新米のダギが紙作りの過程を目にするのを楽しんでくれることを願った。しかし、それより重要なのは、紙の質の見極め方を学び、価格づけを理解できるようになることだ。

王宮の侍者の息子であるダギは、少し前に書記学校を終えたばかりで、これまでのところ、指導役のミンナクトが穏やかな人物だとわかり喜んでいた。彼のクラスメートの何人かはそれほど運がよくはなかった。友人のひとりはテーベの立派なアメン神殿のための建築資材の調達を任されている役人に雇われ、記入に間違いがあるとすぐに蹴られ、侮辱的な叱責の言葉を投げつけられていた。間違いはなかったと反論しても無駄で、結果はいずれにしても同じだった。

エジプトの書記が一人前になるには数年かかり、そのための訓練は厳しい。読み書きができるのは人口のほんの一部に限られ、その能力を持つ者には正確さと誠実さの両方が求められ、大きな責任が課される。そして、これはエリート層とその子どもたちの職業だった。読み書きができる農夫はめったにいないが、彼らはほかの能力で社会に貢献している。

書記の学校は講師によっては非常に厳しく、間違ったり、集中していなかったり、怠けているとみなされると、棒で強く打たれることもあった。生徒たちは足を組んで床に座り、亜麻の腰布をピンと張って机代わりにする。彼らは数百の記号とそれらで構成される言葉を学んだ。公式の書記法と筆記体の文字を両方マスターしなければならず、後者はおもに日常的な業務での記録に役立てられた。

ダギの担当講師は、卒業間近になるまで、生徒たちが良質の紙に触れることを認めなかった。それまでは、書く練習のために通常使うのは、どの村外れにも見つかる、捨てられた陶器の

ヒエログリフ

エジプト学者は公式のエジプトの文字を「ヒエログリフィック」ではなく、「ヒエログリフ」と呼ぶ。もっとも、一般的な用法では、「ヒエログリフィック」は実際には絵文字を表現する形容詞として使われる。初期の学者たちはヒエログリフを一種の物語として読もうとする誘惑にかられたが、この文字を理解する大きな突破口は、この複雑なエジプトの文字がじつは、言語のなかの音と単語を表していると気づいたことだった。この筆記体系は母音が多くないため、エジプト学者は今でも、正確な発音については不確かである。

かけらだった。そうでなければ、表面が白くてきれいな石灰岩の薄い破片を使うこともある。これを使うと、文字に間違いがあったときに、とがった葦の枝先に黒、ときには赤のインクを使って修正された部分がよく目立つ。たまに安くて使い古された、あるいは破れた紙が持ち込まれ、まだ何も書かれていない余白部分をすべて使って、生徒たちが書く練習をした。
ふたりの書記は歩き続けた。ダギの筆記道具が脇腹を軽く打つ。彼はそれを本当の宝物だと思っていた。学校を終えたときに両親からもらった贈り物なのだ。磨かれた木でできた長方形の箱で、なかには何本か葦のペンが入れられるように仕切りがある。外側にふたつ丸いくぼみがあり、それぞれ別の色のインクを入れる。肩からひもで木箱を下げていると、教養のある立派な人物がそこにいるのだと、周囲にそれとなく知らせることができた。

「ダギ、君が好きだった筆記課題は何かね？」と、ミンナクトがたずねた。書記の学習過程では、記号や言葉を繰り返し書くだけでなく、それほどためになる内容ではなくても、楽しく読める物語を書き写すことがしばしばあった。

「『難破した船乗り』です！　すばらしい物語ですから！」と、興奮した答えが返ってきた。

「私も同じだよ」と、先輩書記は言った。

それは、難破した船のただひとりの生存者が主人公の物語で、彼は人間の言葉を話す大蛇に支配された奇妙な島にたどり着く。蛇の頭は宝石や貴金属で飾られている。蛇は漂流者をなぐさめ、自分自身の身に降りかかった災難と失ったものについて語る。最後には、謎めいた島は消えて、船乗りは家に帰ることができる。

「幼いころは、これが本当に起こった話だと信じていました。今はそれほど確信が持てませんが」と、バギは認めた。

「『シヌへの冒険』を書き写したことはあるかね？」

「何度もあります！」

「そこから学んだことは？」と、物語の内容をよく知っているミンナクトはたずねた。シヌヘという王宮の高官が、自分の仕える王が死んだと聞き、パニックに陥ってエジプトから逃亡した。その後長く別の土地で暮らし、英雄的な活動をするが、愛する故郷へ戻りたいという思いを募らせる。彼は結局、エジプトに戻り、温かい歓迎を受ける。

「彼はエジプトを離れるべきではなかったと結論します。これ以上すばらしい場所はないのですから。私にはどこか別の場所で暮らすことなど想像もできません。それから、私は学校でもうひとつ学びました。何だと思いますか？　書記になるのはすばらしいということです！」

ミンナクトは笑って、ふたりとも筆記練習で頭にたたき込んだ物語のひとつを暗唱し始めた。練習課題となる物語には道徳を説くものもあれば、彼らの学習努力はほかのほぼすべての職業より価値があると納得させるように考えられたものもある。ほかの大部分の職業はまったくみじめなものとして表現されていた。

「おお、書記よ！　怠けるな！　怠けるな、さもないと、厳しく罰せられるだろう！　快楽に思いを寄せれば、身を滅ぼすだろう！　汝の手を使って書き、汝の口を使って読め。博識の者に助言を求めよ。少年の耳は背中の上にある。打たれたときにようやく耳を傾けるのだ」

「ところで」と、ミンナクトは続けた。「書記以外の者はみな、疲れ切っているか、痛みを抱えているか、ひどい臭いがする。大工、陶工、農夫、織工、漁師、石工、理髪師、その他すべてだ。われわれが教わったことは正しい。『われわれは書記の技術を母親より愛するようになるだろう！』」

ダギもその古くからある真言を繰り返した。それから数分ほど世間話をしているうちに、ふたりは川岸にパピルスが生い茂った沼地に到着した。丈のある細長い植物から伸びる小枝が、心地よいそよ風を受けてサラサラと鳴り、浜鳥が数羽、水際をかすめながら飛んでいった。そのあたりは、用途の広いパピルスを扱ういくつかの工房がある活気にあふれた場所で、多くの役立つものを製造していた。もちろん、紙もそのひとつだ。

「タティを探しているのだが」と、ミンナクトが職人のひとりに言うと、その男はすぐに監督を探しに行った。待っている間に、ミンナクトは弟子にこの工房の仕事について説明することにした。屋外の開けた場所へ歩いていくと、彼はナイフを使って忙しく作業をしている数人の男たちや、杵のような道具を振りかざしている男たちを指さした。すぐに、沼地からずぶ濡れで泥まみれになった裸の太った男たちが何人か現れて、背中にしばりつけていた切り取ったパピルスの茎の束を、近くの地面にすばやく降ろした。

「紙の作り方を教えよう」と、ミンナクトは説明を始めた。「ナイフを持った男たちは茎の外側の緑の皮を取り除き、内側の白い部分を細長く分けていく」。ダギは細く切り分けられた茎の厚

パピルスを採集し加工するために、沼地で働く男たち。

みと長さが均一なことに驚いた。平らな石で覆われたエリアに移動すると、ミンナクトは続けた。

「ここの男たちは、茎を端の部分が重なり合うように並べ、その上に次の層を直角に並べていく。こちらも端の部分は重なり合うようにする。普段われわれが使っている紙のサイズになっているとわかるだろう。それから、茎をたたき続けると、茎同士が結合される。乾燥させたら、紙のでき上がりだ！」何人かの作業員が重ねたパピルスを杵で強く打ちつけ、そのかたわらには、完成したものが日干しされていた。1枚の紙はさまざまな目的に使われる。小さなサイズに切り分けることもできる。何枚かの紙の端を糊づけしてつなげ、丸めて巻き物にすれば、長い帳簿や葬儀の弔文でさえ書き込める。

「ミンナクトさん!」汚れた腰布を巻いた男が叫びながら近づいてきた。「あなたの重要なお仕事のためにどんなお役に立てるでしょう?」

「平紙100枚と、標準の長さの巻紙を12本欲しいのだが」

製紙業者が書記たちを案内した部屋は、床に紙が高く積み上げられ、長さがまちまちの巻紙を入れたかごが置いてあった。ミンナクトは適当に紙をつかむと、日の光にかざしてみた。「見てみなさい、ダギ。これは完璧だ。隙間もないし、表面はなめらかで美しい」

「私が最上級のものしか作らないことはご存じでしょう。あなたのために特別に作ったものです」。タティが自信たっぷりに言った。

「よろしい。いくらになるかね?」

「26デベンです。その価値にふさわしい何をお持ちですか?」

「前回、君が欲しがっていたものを持ってきた。忘れてはいないよ」

タティは荷物を載せたロバを盗み見て、息をのんだ。「山羊と猿ですね! ありがとうございます!」業者は前回の訪問の際に、それとなくミンナクトに、数か月先に予定されている祝いの席のために、おいしい山羊が欲しいと伝えていた。猿に関しては、地元の木工職人に、丈夫な椅子と交換してもらえるはずだ。「彼の子どもたちがきっと喜ぶでしょう!」と、タティは説明した。

パピルス

パピルス草（学名 *Cyperus papyrus*）はエジプトの代名詞ともいえるもので、紙の原料として最もよく知られる。しかし、この植物にはほかにもたくさんの使い道がある。たとえば、かご、靴、ロープなどの材料になり、茎は川に浮かべる小舟を作るためにも使われる。エジプトの紙は非常に好まれ、とくに古代ギリシア・ローマ時代には地中海地域に広く流通した。何世紀もの間に環境が変化し、現在のエジプトでは、この植物はほとんど絶滅しているが、中央アフリカの一部に今も残っている。１９６０年代には観光客の土産用にパピルスがエジプトに再導入され、エジプトらしい図柄をあしらった紙が生産されるようになった。

注文した紙が用意されている間に、ミンナクトは近くにある他の産業もいくつかダギに見学させた。何人かのロープ職人たちが、丸のままのパピルスの茎を打ちつけて長く平らに伸ばし、それをねじって組み合わせ、さまざまな太さのロープにしている。近くには男がひとり座って、紙業者が捨てた紙片をうまく使ってサンダルを作っていた。サンダルは富の象徴とまではいかなくても、贅沢品のひとつだ。

ワイン販売業者を訪ねる

紙をかごに入れてロバの背中に両側に分けて載せると、ミンナクトとダギは次の目的地へと歩き始めた。ワイン販売業者だ。ミンナクトはその晩、ふたつの祝いの席に招待されていた。彼はそうした場ではいつも歓迎されるが、ときおり、自分の人気は、必ず手土産に持っていくワインを期待されているからではないかと考えることもある。ワイン業者の店はすぐ近くにあり、その戸口は青々としたブドウの葉が茂る枝で飾られていた。1室だけの内部には、さまざまな大きさと形の壺が詰め込まれている。店の奥で、ふたりの作業員が鮮やかな赤いブドウでいっぱいの大きな桶に入って勢いよく踏みつけ、次の発酵の工程に使う果汁を作っていた。この職業にぴったりのシェズム神（血とワインをつかさどる神）の小さな祭壇が、低い壁を背に設置してあり、作業を見守っている。シェズム神が満足すれば、この事業に成功をもたらしてくれるのだろう。

経営者のワーはこの客のことをよく知っていた。「ああ、書記さん！　今日は何をさしあげましょうか？」

ブドウを摘み、踏んで、ワインを作る。

「何がある？」

「カナンから届いたばかりの上質のワインがありますよ！」ワーは、隅にある大きな壺いくつかを指さして大声で言った。「あなたのようなご立派な方ならご存じでしょうが、とても高価な品ですが、それだけの価値があります」

「もっと安いものは？」と、ミンナクトはたずねた。

「はい、お望みでしたら、あなたが必要とされるだけの地元のワインをご用意できます。よい味ですが、特別なものではありません。しかし、何杯か飲んでいるうちに、味がよくなっていきます」

書記は身を乗り出して、低い声でたずねた。「安いのと同じくらいの質で、カナン産のように見えるが、本当は違うというものはないか？」ワーは相手の言いたいことを完全に理解し微笑むと、書記を部屋の隅に連れていった。そこには細長い、泥で封をした背丈のある壺がふたつあり、それぞれに筆記体のヒエログリフがインクで書き込まれていた。「カナンの

カナンなどから運ばれてきたとわかる陶器は、エジプトが外国と貿易をし、ワイン、オイル、松脂などを輸入していた証拠となる。

ワインのように見えて、エジプト産のワインの味がします」

「すばらしい！」と、ミンナクトは叫んだ。「これを両方と、高価な輸入品ももらおう。地元産の壺には脇に印をつけて、本物のカナン産ワインと区別できるようにしてくれ」

「ふたつの壺に印をつけるんだ」。ワイン業者は明らかにこの小細工に慣れている少年に命じた。「それでは、最高級のカナン産のワイン3壺分として、その巻紙ふたつと平紙20枚をいただきましょう！」ダギはこの光景を混乱とおかしみが入り混じった気持ちで見守っていたが、これで終わりではなかった。

紙とワインを積んで目抜き通りに出ると、ふたりの書記はそれぞれの家へと向かった。ミンナクトは小さな屋敷に住み、ダギは裕福な両親の家で快適な暮らしをしている。「家に帰って、上等できれいな服に着替えなさい。今晩はふたつの結婚式に出席する。ラー神が西の地平線にくだる時間に、労働監督官ベニアの家で落ち合おう」

貴族の邸宅でのパーティー

約束の時間に、ダギはベニアの屋敷の門に着いた。美しく着飾った招待客たちが続々とやってくる。男たちの多くは真っ白な、プリーツの入った亜麻布の腰布に上等なショール、女性たちは美しいドレスと宝石を身に着け、何人かは複雑に編み込まれたかつらをつけていた。家のなかから音楽が聞こえ、結婚式の祝宴がすでに始まっているとわかった。ミンナクトもまもなく、見覚えのあるワインの壺3つを入れた網を両側に吊るしたロバを引いてやってきた。ベニアが走り出てきて彼を迎えた。

「ベニア、お祝いの贈り物を持ってきたよ。ダギ！　私たちの友人のために用意した特別なカナン産ワインの壺ふたつを持ってきてくれるかい？」ダギは何をすべきかよくわかっていた。印のついた壺を注意深くロバから降ろした。

「カナン産のワイン！」ベニアが叫んだ。「おいしくて、非常に高価なものですね。あなたは本当にすばらしい友人です、ミンナクト！」

ふたりの少年が門から走り出て、ワインの壺をつかみ、ベニアは書記たちを美しい壁で仕切られた中庭に案内した。果実をつけた何本かの木に囲まれた小さなプールがある。そこから、幅広い扉を開くと大勢の客でにぎわう部屋につながり、数十人の客たちが明らかに楽しい時間を過ごしていた。楽師の一団が一方の角に集まり、盲目のハープ奏者が歌を先導し、ほかの者たちがリュートや縦笛を演奏し、太鼓を打ち鳴らしている。自由奔放にくるくる回っている3人の踊り子は、ビーズのひもでできた腰巻と、装飾されたヘッドバンドしか身に着けていない。ときおり踊りをストップしては、客たちをなまめかしく誘惑している。

招待客の多くは音楽に合わせて手拍子したり歌ったりして、新婚夫婦は小さな演壇の上で豪華な装飾が施された椅子に並んで座っていた。一方の壁際にいくつかテーブルが並び、上等なスライス肉やたっぷりの果物など、おいしそうな食べ物がうずたかく積まれていた。

古代エジプトでの売買

古代エジプト人は紀元前500年ごろまでは、硬貨やその他の貨幣を使わなかった。その代わりに、彼らは物々交換や、デベンと呼ばれる銅や銀の単位に基づいた一種の交換をしていた。さまざまな製品はデベンとの比較で価値が測られ、人々はそれに従って品物の取引をした。国からの「給料」の大部分はパンやビールなどの食料で支払われ、自分が消費しない場合は、これらも他の品物と交換できた。

客の多くがすでに酔っぱらっているのは明らかで、踊っている少女たちも素面とはいえなかった。しばらくして、ひとりの少女が部屋をひとまわりし、よい香りのする円錐型の帽子を何人かの客の頭に載せると、ろうと香水を混ぜたものが溶けて髪やかつらにつき、贅沢な香りを漂わせて、大勢の客の熱気でむんむんする部屋の空気を改善した。

この浮かれ騒ぎを2時間ほど楽しむと、ミンナクトとダギは、酔っぱらったベニアに礼を言い、新郎新婦に祝福の言葉を告げて、屋敷の門へと向かった。はめを外しすぎた者たちが吐いている音が中庭から聞こえてくる。ふたりは門から通りに出た。書記と弟子は牛飼いセンナの家の近くの村で開かれるもうひとつの結婚パーティーに向かった。

パーティーを盛り上げる楽師たち。

ダギは体をブルっと震わせた。エジプトのエリート社会に属する家柄に生まれ、育ちはよいが、社交面ではまだ経験の浅い若い書記にとって、こうした村々は、エジプト社会をうまく回すために必要ではあるが、長く滞在するような場所ではなく、そこの村人たちと友人になることはないだろうと思っていたのだ。

「この牛飼いとはどのように知り合ったのですか?」と、弟子はたずねてみた。

「数年前、私の幼い娘が家からさまよい出てしまい、3日間行方不明になってね。私と妻は恐怖に襲われた。道に迷って、疲れ切り、汚れて、お腹をすかせている娘が小麦畑の端にいるのをセンナが見つけてくれた。彼は娘を自分の家に連れて帰り、両親の家がわかるまで世話をし、私たちのところに送ってくれた。彼はよい男だ。私たちは一生彼に感謝する。お礼に、私は税金のことやら土地のことやら、彼が抱える問題をいくつか解決するのを助けてやった。彼の息子は同じ村に住むいとこと結婚するんだ。彼女はかご作りの仕事をしていて、きのう一緒に暮らし始めたばかりだ。今夜は彼らの結婚祝いでね。君が少しばかり緊張しているのはわかるが、きっと楽しめると思うよ」

村のパーティー

ベニアの屋敷からその村までは、満月が照らす道を歩いて半時間ほどの距離だった。ベニアの屋敷と同じように、騒々しいパーティーのにぎわいは遠くからでも聞こえ、笑い声や金切り声、太鼓を打ち鳴らす大きな音が聞こえてきた。村に大きな家はなく、祝宴は通りと、泥煉瓦の家々の間にある大きな空き地を使って開かれていた。ダギは自分がどう見られるかを心配しながら群衆に近づいた。すべての目が立派な服装をしたふたりに注がれているように思える。彼らが現れると音楽が鳴りやんだ。ふたりの書記がこんな時間にこの村で何をしているのだろう？　間違いなく、仕事で来たわけではないはずだ！

幸いにも、センナがすぐに急いで駆け寄ってきて、ミンナクトとダギを熱烈に歓迎した。ミンナクトはダギを紹介し、ほかの客が居心地悪く感じているのを察したセンナは、群衆のほうを振り向き、この書記たちは自分の特別な客だと大声で説明した。すぐにパーティーはにぎわいを取り戻した。

「この祝いの席のために、カナン産の上等な酒を持ってきましたよ」と、ミンナクトは告げた。ダギが本物の輸入ワインの壺をロバの背からつかむと、センナは感謝の気持ちでいっぱいになった。「なんてすばらしい！　本当に、本当に、ありがとう！」と、牛飼いはまくしたて、それを持って、ふたりのエリートの客は陽気な群衆に加わった。

月明かりとたくさんの松明に照らされ、パーティーはベニアの屋敷のものに負けないほど盛り上がっていた。もしかしたら、こちらのほうがもっと熱気にあふれていたかもしれない。音楽は縦笛、リュート、太鼓の音が混ざり合い、ここでもやはり、裸同然の踊り子たちが通りをくるくる回りながら行き来し、シストルム［手に持って振るとガラガラと鳴る楽器］や鳴子を振りながら、客をもてなしていた。もちろん、食べ物もたっぷり用意され、串に刺して焼いた大きな雄牛から適当な大きさに切り分けられた肉、焼いた魚、たくさんの果物、調理した野菜もあった。地元産のビールもふんだんに用意され、結婚したカップルは家の前の煉瓦のベンチに座って、上等なカナン産のワインを注がれ、幸せを祈ってくれる人たちを迎え、お礼を言っていた。

しかし、農夫のバキはミンナクトが前の月に自分の家に来て、国の仕事に徴集されることを告げた書記だと気づき、腹を立てていた。やはり農夫のセンナの兄が、増水期に国の仕事に駆り出されたことがないのも、もっともだ。「きっと、高官の行方不明の娘を見つけると、厚遇を受けるのだろう」。バキはそう結論し、もう1杯、大きな音を立ててワインを飲んで、怒りを忘れた。

夜も更け、書記ふたりは長く忙しい1日の疲れが出始めていた。センナはもっといてほしいと頼んだが、もう帰る時間だった。群衆はふた手に分かれ、ふたりが村から出る道をつくった。

「それで、ダギ。どちらのパーティーがより楽しかったかな?」ミンナクトがたずねた。

若い書記は一瞬考えたあと、答えに行き着いた。「どちらも大勢の客でにぎわい、騒がしくて、食べ物はすばらしかったです。ベニアの客たちは明らかに上等な服を着ていましたが、村の人たちも清潔で、彼らなりのやり方で盛り上がっていました。しかし私は、村の祝宴でのカナン産のワインが、何よりよかったと言わなければなりません」。ダギはウインクをしてそう言った。分かれ道まで来ると、少しだけ酔っぱらったふたりの役人は、別々の道を進み、それぞれの快適な家へと帰っていった。学ぶことの多い1日だった、とダギは思った。紙やパピルス製品の作り方を見て、山羊と猿と交換し、ワイン商人との「興味深いビジネス」を目にし、ふたつの陽気なパーティーに参加した。毎日がこれほど驚きに満ちたものなら、どんなによいことか！

第5章 種まき期 第1の月

兵士たち

エジプトからの旅は数週間かかったが、比較的楽で危険も少なかった。パセル指揮下の冒険に飢えた100人かそこらの兵士たちは、これから起こりうるどんな事態をも歓迎しようと準備を整えていた。彼らはすでに煙がくすぶる町々を通り、捕虜と戦利品を携えて西のナイル川に戻る部隊とすれ違った。パセルは指揮官たちのほとんど全員と顔見知りらしく、親しい友人として彼らとあいさつを交わした。トトメス3世や現在の支配者アメンホテプ王がここ数十年の間に自ら確立した慣例に従い、パセルはこの道を数年おきに歩いてきた。王子の何人かさえ、王家の伝統を守るためにときおり参加することがある。

前方に今回の行程にある最初の町が近づいてきた。彼の上司であり行軍を取り仕切っている将軍が決定したリストに挙がっているいくつかの町のひとつだ。最初の目的地からそう遠くない井戸の近くに野営した部隊は、火をおこした。この火は、明かりと暖かさ、調理のためだけでなく、朝になれば対面するはずの者たちの心に恐怖を植えつける役割も果たす。若い兵士たちの多くにとって、これはエジプト人以外と遭遇する最初の機会になるはずで、緊張のため眠ることもままならなかった。

朝になり、パンに地元の野菜をいくらか添えたエジプト式の朝食を終えると、パセルは兵士たちを集め、その日の予定を説明した。「兵士諸君、われらが王の父上であられるトトメス3世、メンケペルラー様は、この土地を、そしてこの先はるか遠くまで続く多くの町村を平定した。王はこれらの土地を征服し、戦利品として手に入れた富でエジプトをさらに繁栄させた。相手は卑劣なアジア人であり、われわれを憎んでいる。奴らに同情などしてはならない。奴らはエジプト人ではない。奴らの神々は力を持たず、奴らは道徳心も薄い。奴らの生活を見るがよい。石を積み重ねた家に住み、自給自足を助けてくれる偉大なる川も持たない。奴らにはわれわれが望むものを差し出させ、われわれは何度も繰り返し、奴らから奪い取る」

パセルはこの土地をよく知っていた。まだ若いころ、アメンホテプ王の在位7年目に、大勝利に終わったレテヌへの急襲に参加した。それは、数多くの町といくつかの主要都市の征服に成功した、信じられないほどの冒険だった。多くはトトメス3世がかつて征服し、その死後に

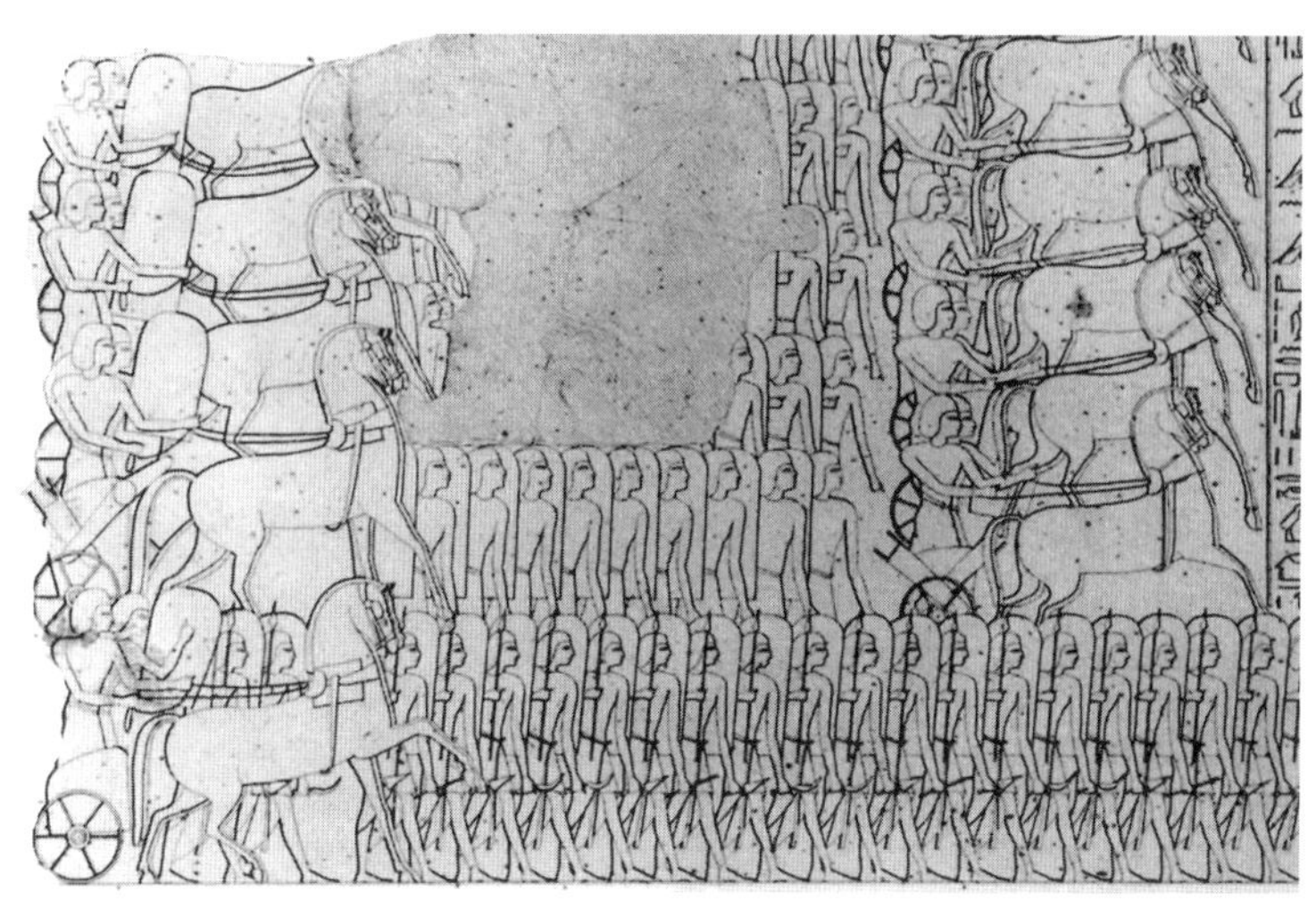

行進するエジプトの兵士たち。

反乱を起こした町だった。アメンホテプは、エジプトの軍隊は変わらず強大であり、かつて服従した民族はこれからも服従しなければならないのだと思い知らせるために攻撃に戻ったのだ。

パセルはカナン人を含め、非エジプト人はほぼ例外なく徹底的に憎んだ。彼のこの地域への最初の遠征は、忘れられない衝撃的な経験になった。これから攻撃しようとしている、見たところ穏やかそうな町を警戒しながら偵察していたとき、彼と何人かの新米兵士が待ち伏せ攻撃にあった。路地を横切ったときに、上から落とされた石で仲間のふたりが倒れた。走って逃げたパセルは屈強な住民に殴り倒され、その男はものすごい力で彼を絞め殺そうとした。パセルは鞘(さや)に収めていた短剣を抜き、相手に突き刺して逃れ、取っ組み合いはすぐに終わった。しかし、気づくとさらにふたりの仲間が死んでいた。小隊と合流したパセルは、自分の経験はめずらしいものではないと知った。指揮官はその町を焼き払い、住民を皆殺しにし、価値のありそうな持ち物はすべて集めてくるように命じた。

パセルは自分の部隊への説明を続けた。「君たちがこれから出会うのは卑劣な奴らだ。何年も前にわれわれが征服したが、奴らはすばやく再建した。私は4年前にここに来た。奴らを信用してはならない。奴らは戦いたがっている。奴らにはわれわれが望むものすべてを差し出させる。われわれは戦い、奴らは敗北した。おそらく、奴らを倒すのは簡単だろうが、もし抵抗するなら、再び奴らは打ち負かされるだろう。われらがアアケペルウラー・アメンホテプ王も、偉大な戦士としてここにいた。われわれの力と勝利で、王の名誉を守るのだ」

士気を高める演説にもかかわらず、若い兵士の多くはすっかり不安になっていた。彼らが命令を待つ間、パセルはカナンの言語に通じているエジプト人書記を従え、見るからに恐ろしいさまざまな武器を携えた十数人のベテラン兵士を護衛につけて、町に近づいた。その町の長で、シャウルという名の年老いた男が姿を現し、エジプト人たちと対峙した。指揮官が誰であるかに気づき、「パセル」と、彼は呼びかけた。「あなたが何を望んでいるかはわかっています。すでに用意してあります」。シャウルが若者ふたりを呼ぶと、彼らは重そうなかごをふたつ抱えて石造りの家から出てきた。

「何が入っている?」と、指揮官はたずねた。磨いた石でできたビーズのひもに黄金の護符や宝石を結びつけたものが何層かに重ねられている。しかし、よく調べてみると、かごの重さの大部分は、底にたくさんの砂と小石を加えた結果だとわかった。パセルはそれを地面にぶちまけ、シャウルの顔を激しく平手打ちした。「あるものをすべて持ってこい。さもないと町を全滅にするぞ」

「しかし、あなたたちがここに来てから4年しか経っていません。そのときにすべて持ち去ったではないですか。今はほとんど何も残っていません」。町の長はすがるように言った。

パセルにも、渡すものがないというシャウルの主張はおそらく本当だとわかった。しかし、エジプト帝国が求める貢ぎ物は、必ずしも楽に手に入るわけではなかった。征服した土地の住民には、現実を受け入れて、近づいてくる部隊を抵抗せずに迎える者もいる。魅力的なものはすべてあらかじめ用意して外に出してあるので、部隊はただそれらを集めて移動すればいい。しかしこの町では、パセルは神経をピリピリさせていた。これまでも訪れるたびに何らかの問題が生じたが、今回もまた、何かがおかしいと感じた。「すべての家を捜索せよ。価値のありそうなものは何ひとつ見落とすな」。兵士たちは八方に散り、まもなくほとんどが何も持たずに戻ってきた。しかし、徹底して捜索したひとりが大きな発見をした。

「積み重ねた羊毛の下に隠れているのを見つけました。見てください！」兵士はまだ10代の少女の黄金の鼻輪に指を通して、指揮官の近くまで引きずるように連れてくると、地面に投げ飛ばした。

「なるほど、宝物はあったわけだ！　われわれはこの娘を連れていく。あとはロバ10頭、山羊30匹、穀物をかご20杯、そして、わずかながらの宝石も」

「私を連れていくか、殺すかしてください！　どうか娘を連れていかないでください！」少女の父親が泣き叫んだ。

「娘は連れていく。おまえを殺すこともできるが、老いぼれに用はない。脇へどけ！」パセルは冷淡にそう答えた。「その代わりに、おまえの息子を連れていく」。若い男が前に進み出た。彼はすぐに押さえつけられ、ひじを容赦なく背中に回されて縛られ、その後、どんどん長くなる捕虜の列に縄で結ばれた。小隊の会計官は新しく獲得した品をすべて記録し、パセルは兵士たちを集めて次の目的地へ出発した。

収穫は少なく失望させられたが、それも仕方がないだろう、と指揮官は結論した。エジプト人が最後に訪れてから4年経ってはいるが、期待される貢ぎ物を再び蓄え、差し出すには十分な時間ではない。それでも、帝国は維持されなければならない。ファラオの兵士たちは、このあとの町々も比較的従順で、より贅沢な品があることを期待するしかなかった。

行程表にあるそれぞれの町を「訪問」するたびに、同じ脅しが繰り返された。ロバ、食料、黄金、その他の貴重品が要求され、集められ、それとともに魅力的な、あるいは力強そうな住民をひとりかふたり連れ去る。それによって住民の完全な抹殺の可能性は減るものの、必ずしも全員がおとなしく従うわけではない。次の村に向かう途中、投石具から勢いよく放たれた石が、若いエジプト兵ひとりの側頭部に当たった。彼は意識を失ったが、同行している軍医は同じような負傷を何度も治療してきたので、うまく手当てした。

多くのカナン人が使う投石具はシンプルな道具ではあるが、それでも、強力な武器になりうる。パセル自らこの攻撃を目撃して、逃げていく男を目にすると、弓の名手を呼んだ。射手は、すばやく矢筒から矢を1本静かに抜くと、磨き抜かれたスキルから生まれる正確な計算で、弓を引き、放った。弧を描くように空中を飛んだ矢は、熟練の技術と計算に導かれ、攻撃者の肩甲骨の間をきっちりと射抜いた。

射手はパセルのほうに向き直ると、「戦斧（せんぷ）をお借りしてよろしいですか?」と、たずねた。指揮官が武器を手渡すと、射手はぴくぴく体を動かしている男のほうに平然と歩いていき、男の体の上に片足を置くと、矢を思い切り引き抜いて回収した。先端の銅の矢じりが血に濡れて輝いている。銅は貴重なもので、そうした素材から作られる矢じりはとくに丈夫だった。その場を離れる前に、射手は犠牲者のウールのチュニックで矢じりの血をふき取り、それから斧を振

エジプトの軍隊

古代エジプトの軍隊は強大で、兵士たちはさまざまな武器を使いこなした。歩兵は弓矢、槍、短剣、手斧、骨をも砕く槌矛（メイス）、刃が反り返った鎌のような剣で武装した。頑丈な牛の皮を木枠に張った盾が、いくらかの防御を提供した。新王国時代になると異国の敵が使っていた馬車も取り入れ、非常に効果的に活用した。エジプトの支配者はしばしば戦場で馬車の上から自分の部隊の指揮を執り、矢を放つ姿で描かれた。どの程度までファラオが実際に戦闘の指揮を執ったかについてはわかっていないが、少なくともテーベの支配者セケンエンラー2世のミイラには、頭部に斧による致命傷と思われる傷がある。

り上げると、死にかけている敵の右手首に振り下ろした。

切断された手を指1本つまんで拾い上げると、射手はゆっくりと、ほとんどが黙ったままの村人が集まった場所に戻り、手首を彼らの前に放り投げた。パセルが前に進み出た。「もしほかに力強き雄牛であるアアケペルウラー・アメンホテプ、ふたつの国の支配者にしてアメン神に愛されし王の軍隊に抵抗しようとする者がいても、おまえたちは失敗するだろう。おまえたちが生き残るための秘訣を教えよう。価値ある品をわれわれが戻ってきたときのために永遠に蓄え続けるのだ。われわれはこの村のことを忘れない。抵抗する者は厳しく罰せられるだろう」

宰相

アメンエムオペトはテーベの丘陵を登る小道をよたよたと歩いていた。上にあるいくつかの墓所の建設の際に掘り崩された、石灰岩のかけらでたびたび足を滑らせた。そこには建設中の彼自身の墓もある。非常に忙しい1日を過ごしたあとで、力が入らないのも不思議ではなかった。神の化身であるアメンホテプ王の宰相として、彼は王が取り仕切らなければならない数多くの役割の大部分を手助けしている。この日の朝、アメンエムオペトはエジプト社会のさまざまな側面に責任を持つ多くの監督官と会っていた。予想どおり、彼らの報告は専門的な内容でほとんどが肯定的なものだった。穀物倉にはどんな危機をも乗り越えられるだけの十分な蓄えがあり、「平定した」土地からの朝貢品が届き続けていた。王自身の葬祭殿や墓所を含む建設計画についての最新情報も報告された。

アメンエムオペトは子どものころからの友人に仕えることを心から誇らしく感じている。彼に与えられた責務は多岐にわたり、しばしば興味深いものだった。なかでも楽しみにしているのは、服従する南や東の土地からの貢ぎ物がお披露目される日で、使者との面談も楽しんだ。王が不在のときには、使者たちは輝きを放つ貴重な品々が入ったかごを彼の足元に広げた。残念ながら、たいていは領土全域からの退屈な報告が続くことのほうが普通だったが、エジプトの実務全般の管理にほかの誰よりも近づける立場にあるのだから、不平を言うべきではないだろう。

王にこれほど近い地位に就くことは、ありがたくもあり呪いでもある。食事はいつもエジプトで最高のものが供され、アメンエムオペトはそれをおおいに楽しんだ。しかし、背が高く恰幅もよい彼の体には、痛みがどんどん蓄積され、最近はすぐに息が切れるようになった。自分自身の墓所まで上がっていくと、自分が疲れて運動不足であることを思い知らされたが、背の高い侍者の助けと短い休憩で、なんとか目的地までたどり着けた。

この日、アメンエムオペトは若い書記のダギを連れていた。王宮のベテラン書記から、指導のしがいがある新米書記として推薦されたのだ。ダギは記録をとるためのいくらかの紙と筆記用具、パンを少しと水の小瓶を入れた網袋を持って、宰相の数歩後ろを歩いていた。エジプトのエリートたちの墓地があるテーベ西岸へ来たのははじめてだったが、これまでのところ興味を引かれる旅になっていた。贅沢な船で川を渡り、重臣である宰相と一緒に馬車に乗ってきたのだ。

「ところで宰相、今日はここで何をするのですか？」と、ダギは無邪気にたずねた。

「私自身の墓の状況を確認するために来た。しばらく放っておいたからね」と、アメンエムオペトは説明した。「必要なときにメモをとってくれ。それ以外は、私を手助けしてほしい」

小道は丘陵のふもとに掘られた、数十はある名家の墓の間を縫って続いていた。広い前庭と立派な垂直の白い入口を設けたものもある。所有者を特定するのは簡単だった。扉枠とまぐさ石に死者を祝福する文字が刻まれ、見事な礼拝堂をのぞいてみれば、故人の輝かしい経歴や贅沢な供物、複雑な葬儀、理想的な死後の生活を描いた壁画が現れる。

自分の墓の進捗具合を確認する前に、アメンエムオペトは彼の人生に重要な役割を果たしたふたりの人物の礼拝堂に立ち寄ることにした。それぞれの墓の主に捧げられた礼拝堂は、祭日や特別な日に家族や友人が故人をしのぶ場所として建てられた。最初の墓所は彼の前任者だった宰相レクミラのものだ。その長いキャリアを通じて、彼は宰相のほかに30もの肩書を持った。最初はトトメス3世に仕えて有能さを発揮し、その後は死ぬまでアメンホテプ王に仕えた。彼は金銀の財宝を管理し、公文書保管所、アメン神殿の建設の監督官を務めた。さらに、神官と判事を務め、王宮内外でほかにもさまざまな重要な役職に就いた。対照的に、アメンエムオペトはこれまでのところ、まだ9つの肩書を獲得しただけだったが、彼の宰相としての役

裕福なエジプト人の葬儀。神官が故人の墓の前で「口開き」の儀式を執り行ない、参列者が嘆き悲しんでいる。

割はエジプトでは王族以外の人間が就ける最高位の官職だった。レクミラの葬儀に参列したアメンエムオペトは、この近くのどこかに深く埋もれた立坑があり、隣接する小さな部屋にはたくさんの副葬品とともに、棺に入った元宰相の遺体が安置されていると知っていた。もしかしたら、自分たちは今、その真上に立っているかもしれない。

ふたりの訪問者は礼拝堂に入った。そこはまっすぐ前方にある大きな部屋と左右の通路で構成されている。彩色された漆喰の壁は驚くべきもので、宰相が遠くの土地から送られた異国風の貢ぎ物を調べている姿や、その他の職務を精力的にこなしているところなど、さまざまな生前の活動が描いてあった。家族の何人かの姿や、職人たちが宝石や家具などあらゆる贅沢品を生産しているようすを描いた壁画もある。その光景が死者の魂にとっての現実へと変わるのだ。

「記録を頼む」と、宰相は若い書記に命じた。「私もこれと似たようなものが欲しい。それから、私の数多くの業績を効果的にまとめたものも」

「彼の葬儀は盛大なものだったことでしょう」と、ダギは言った。

「確かにそうだった」と、アメンエムオペトは答えた。「非常に裕福な人物の埋葬と大きな違いはなかったが、アメンホテプ王ご自身とこの国の最上位の官僚たちが参列したために、目をみはる立派な葬列だった。すばらしい副葬品の行列も圧倒されるほどで、家具、食べ物、ワイン、亜麻布を、たくましい男たちが運び上げ、数十人もの泣き女［葬儀のときに雇われて、泣き声を上げ、悲しみを表現する女たち］が続いた。もちろん、最後には棺と、彼の臓器を入れた壺が到着した」

宰相はその後の葬儀の流れについて、短くまとめた。レクミラの棺を垂直に立て、朗唱神官がふさわしい葬送文を読み上げ始めた。ヒョウの毛皮を肩にかけたもうひとりの専門の神官が、「口開き」の儀式を執り行なった。手斧を使って人型棺の蓋にある顔の唇に触れ、死者が再び声を出せるようにする儀式である。切断されたばかりの雌牛の脚と心臓も、棺に納められ、レクミラが死後に再び活動を始められるようにする。宰相の棺と副葬品は立坑を通して簡素な墓室に下ろされ、身分の高い参列客のために中庭で宴会が開かれた。「あれは私がこれまで参列したなかでも最上のものだった」と、アメンエムオペトが追想した。「あの雌牛の脚は無駄にならなかった。その場で調理したのだ！」

レクミラの墓所からそう遠くないところに、アメンエムオペトの兄センネフェルの墓があった。そのキャリアを通して20以上の役職に就いた人物で、テーベ市長だったこともある。彼の礼拝堂も美しく装飾されていた。レクミラのものといくぶん似通ったつくりではあるものの、センネフェルの墓所は前室の先に4本の柱が立つ部屋があった。壁には故人が神々に供物を捧げている光景、彼自身への供物、家族の姿、牧歌的な死後の世界が描かれている。アメンエムオペトはかつて兄とともにこの墓の建設を見守り、近くにある自分自身の墓もこれに匹敵するようなものにしたいと思った。

宰相はほんのわずかな者しか知らない秘密を知っていた。センネフェルの葬儀に参列した者でさえ大部分が知らなかった秘密だ。センネフェルは前庭の立坑の下に埋められているのでも、礼拝堂の床に眠っているのでもない。礼拝堂の下に、贅沢に装飾された柱で支えられる見事な小部屋がある。岩の性質のためにでこぼこした天井に、絵師たちがたわわに実ったブドウの木を描いた。それによって、現実的ではないにしても、独創的な雰囲気の心地よい部屋に仕上がった。センネフェルの遺体と副葬品を納めてから、その部屋への入口は埋められてあいまいにされ、彼の永眠の場所はほかにはない理想的な場所になった。

不安が増したアメンエムオペトは、ダギを近くにある彼自身の未完成の墓に連れていった。

テーベのエリート層のための墓地

レクミラとセンネフェルの墓のほかにも、テーベのナイル川西岸の丘陵地帯には古代の官僚たちの墓が数百ある。今日「テーベのネクロポリス」あるいは「貴族の墓」として知られるこの墓地は、美しく装飾された礼拝堂で有名だ。その碑文と壁画が特定の個人、歴史上の出来事、葬儀にまつわる信仰と、古代エジプトの生活全般についての重要な情報源となる。数世紀前にクルナという村が墓地の一画に建設され、住民はしばしば墓室を自分たちの家に組み込んだ。19世紀に外国人旅行者が増えると、村人の一部が自分の家の下を掘って、遺物を見つけて売るようになった。２００９年にクルナの住民は立ち退きを指示され、近くのより近代的な入植地に移転した。その後、村のあった場所は、墓を守るためにブルドーザーで整地された。

ひと目見て、宰相はその進捗ぶりにいくぶん困惑を覚えた。宰相としてなすべき仕事があまりに多く、また、費用に少しばかりの不安があり、礼拝堂は未完成のままだった。それでも、そこは立派な墓で、なかに入ると、今のところ4本と半分が仕上がっている柱のある部屋があり、そこから長方形の部屋に続いていた。「悪くはない」と、宰相は言った。「しかし、まだかなりの作業が必要だ。ちょっと座らせてくれ」。アメンエムオペトはほぼ完成した前庭に無造作に置かれた石を見つけた。咳込んで、苦しそうにゼーゼーと息をしながら、彼は自分があとどのくらい生きられるだろうか、と考えた。数分の間、新鮮な空気を吸うと、ダギは宰相に手を貸して立ち上がらせ、馬車が待っている場所まで戻るのを助けた。

アメンエムオペトはほとんどの人が知らないもうひとつの秘密を知っていた。彼はアメンホテプの本当に親しい友人だったので、ファラオは彼に信じられない特権を与えていた。宰相は王族の墓地のアメンホテプ王自身の墓に近い、装飾のない簡素な墓に埋葬されることが許されているのだ。アメンエムオペトのテーベ丘陵の礼拝堂は彼を追悼しようと考える者たちが訪れる場所になるだろうが、彼のミイラ化した遺体を納めた棺と少しばかりの選び抜かれた副葬品は、アメンホテプ王の豪華な墓に近い、立坑の底にある小さな部屋に納められるはずだ。これに勝る名誉はないだろう。

農夫と漁師

ここ数週間、バキはナイル川の水位がゆっくりと下がっていくのを見守ってきた。まもなく農作業の新たなサイクルが始まる。畑をならし、用水路を掘り、準備を整えなければならない。期待どおりにナイルの豊かな漆黒の泥土が土地を覆い、種まきと管理、収穫作業を適切に行なえば、肥えた土壌が豊作をもたらしてくれるだろう。片手にかごを、肩にくわを担いで家を出ると、バキは畑まで歩いていき、古い用水路の場所を探り当て、泥をかき出すという厄介な作業を始めた。ムトゥイは、夫がその作業によって泥だらけになり疲れ切って帰ってくるのを覚悟した。

ときには洪水後の土地の正しい境界線について問題が生じることもあった。たちの悪い隣人が石の標識を自分の有利になるように少し動かしたり、あるいはもとの石標が洪水で流されてしまったとさえ主張するかもしれない。これは軽々しくとらえるべき問題ではなく、もし有罪だとわかれば厳しい罰が与えられる可能性もある。しかし、今年は少なくとも、何事もなくすべて順調に進んでいることにバキは安心した。

下流では、ネフェルとウェニを含む漁師たちが楽な釣りを楽しんでいた。川の水が引き、あちこちに小さな水たまりができていて、そこにナマズやほかの魚が見つかった。大きな魚は、網や銛で簡単に捕らえることができた。「おい、ネフェル！　ぼくたちはタヌニと同じくらいの腕前だ！」ウェニは笑いながらそう言うと、巨大なナマズを銛で突いた。ナマズは彼の銛の先で、激しく身もだえしている。残念ながら、その日は何度かあったことだが、ナマズはなんとか川に逃げ込むことができ、捕まる前に泳ぎ去った。

ネフェルは棍棒を置いて、お気に入りの道具のひとつをつかんだ。先が細まった三角形の網で、口の部分は木の竿で補強されている。これは一時的にできた水たまりにはまった小さめの魚を捕まえるには最適な道具で、簡単に魚をすくい出すことができる。うまく水をすくうと、大きなしぶきが上がり、ときには5、6匹の魚が網に入る。その日の漁は上出来で、ウェニはさらにいくつかのかごを満たし、自分を誇らしく感じた。「そんなに得意になるなよ」と、ネフェルが戒めた。「あの水たまりは数日もすれば干上がってしまう。そうしたら、またぼくたちは小舟に逆戻りだ！」

すばやく数十匹の魚の内臓を抜き、きれいに洗うと、ネフェルはより糸をつかんで、えらにはさみ込んだ。大きなナマズもやり方は同じだが、こちらはふたりの男で担いで運びやすいように細い竿を使った。

「君のおじさんも驚くだろうよ」と、ウェニは叫んだ。

「それは考えが甘すぎるよ」と、ネフェルは答えた。「おじさんはどれだけたくさん魚を持っていったって、まだ不平を言うんだから。一番大きい魚は自分たちのためにとっておこう。どうせ、おじさんにはわからないよ」

第6章

種まき期　第2の月

医師

午後もまだ早い時間、ひと部屋しかない村の診療所の戸口に、慌てふためいた女性が飛び込んできた。泣き叫ぶ小さな男の子を腕に抱いている。アカシアの木に登って遊んでいたところ足を滑らせ、その衝撃で折れた長く細い枝が右腕に突き刺さったという。医師のネフェルホテプは子どもを床に寝かせて、痛みでよじらせている体を押さえつけ、その間に息子のナクトが小さな銅製ののこぎりを持って近づいた。その鋭い刃を見て、子どもはさらにパニックに陥ったが、それは刺さった枝を取り除く前に、皮膚から突き出している部分を切り落とすためのものだった。それが終わると、金属のピンセットを使い、すばやく手慣れたようすで細長い木片をグイと引っ張り、患者の腕から手際よく引き抜いた。

ナクトは血が出ている腕を強くもんで、内部に木片が残っていないことを確かめてから、傷口を圧迫した。最も痛みを伴う処置が終わったので、男の子は少し落ち着きを取り戻し、母親とふたりの医師は、安心させるためにやさしい言葉をかけた。数分して、血が止まっていることを確認すると、ナクトは近くの蜂蜜を入れた壺をつかんだ。指を蜂蜜に浸すと、子どもの腕の小さな丸い傷口のなかと周囲に強めにこすりつけ、亜麻布の包帯をやせた腕に何周か巻きつけた。「毎日、私が今やったように蜂蜜を塗り込んでください。もし状態が悪くなったら、また連れてきてください」。ナクトは母親にそう指示すると、木箱に手を伸ばしてこう続けた。「この護符を首からかけてください。傷を癒(いや)すのを助けてくれますから」。その小さな護符は青いファイアンス陶器でできたもので、癒しの神トトをかたどっていた。ネフェルホテプは男の子の体から手を離し、立ち上がらせた。母と子を診療所の戸口まで案内すると、「支払いはあとでいいですよ。それから、この子をアカシアの木には近づけないように」と言って、送り出した。

ネフェルホテプは息子の仕事ぶりに満足し、本人にもそう告げた。ナクトは最良の師から学んできた。ネフェルホテプは長年、この同じ部屋で医師として働いていた。小さな壺、箱、パピルスの巻き物が部屋の隅に積み上げられている。テーベにあるこの診療所は、川から近く、大きな建設現場からも近かったので、彼はちょっとした皮膚の湿疹から石材に押しつぶされた患者まで、信じられないほどさまざまな病気やけがを治療し、たいていは成功してきた。切り傷、骨折、腹痛、ワニやカバに嚙まれた傷、目のくもり、妊娠中のトラブル、心臓病などを治療してもらおうと、大勢の患者がやってきた。ときにはとくに何の症状もないのに繰り返しやってくる者や、はげ頭をどうにか治したいといった不必要な治療を求める者たちもいた。ネフェルホテプはどんな患者を見ても驚かなくなり、手術、消毒、湿布、薬剤をさまざまな体腔に挿入するなど、試してみる価値のある何らかの治療法をたいていは思いついた。巻き物には症状についての助言と推奨される治療法が記録されていたが、同じくらい重要なこととして、治療のプロセスを助けてくれる神々への呪文も載っていた。魔法は病気やけがの治療の一部であり、護符を使って敬うと、神々はさらにご加護を与えてくださるとされたので、護符の入った箱はつねに手元に

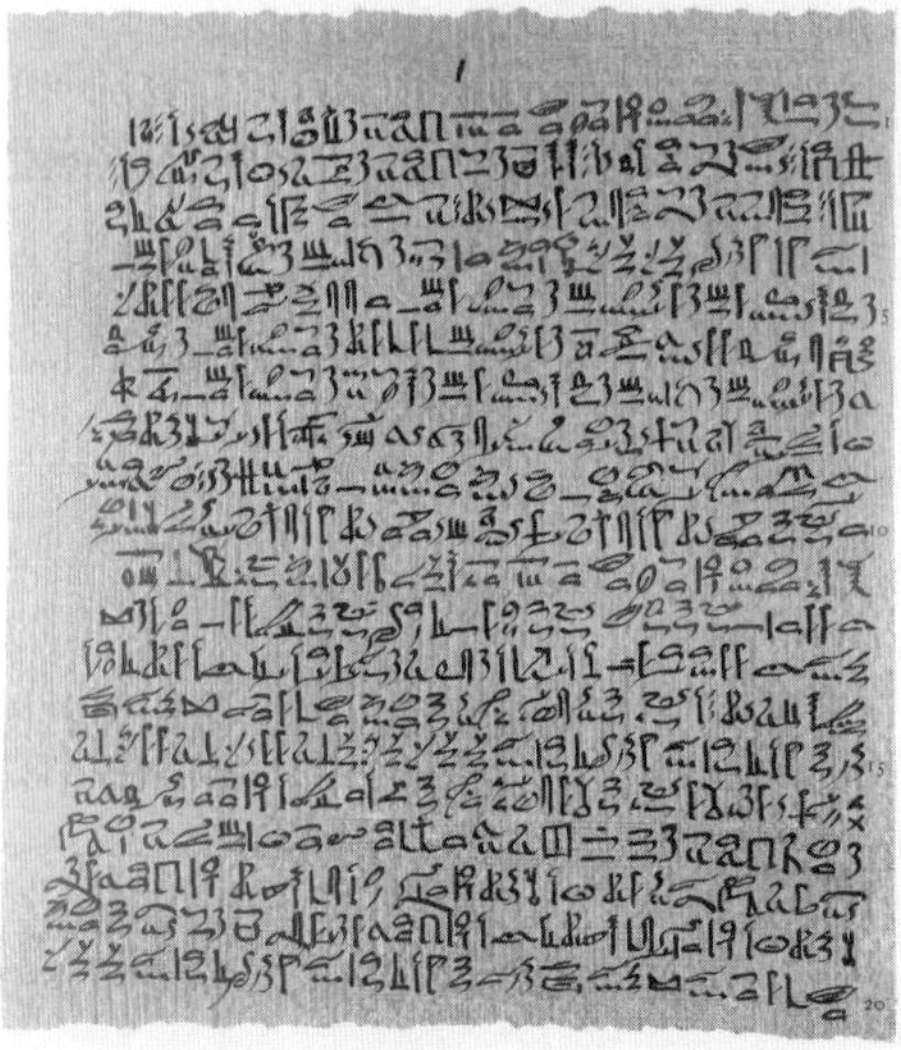

新王国時代の医学文書「エベルス・パピルス」の冒頭ページ。さまざまな病気の治療法が記録されている。

置いておいた。
ネフェルホテプはもう20年ほど医師の仕事をしてきた。父親も、その父親も祖父も、何世代も続く医師の家系だった。ナクトは彼のひとり息子で、母親は出産時に死んでしまった。経験豊富な産婆がついていてもなお、それはめずらしいことではない。ネフェルホテプはそのとき患者の手当てをしていて、彼が家に着いたときには、妻はもう死んだあとだった。ひどく悲しい状況ではあったものの、死の可能性はつねにあり、診療所にすでに死んだ患者が運び込まれることもしばしばだった。もう救えるはずのない者をなんとか救ってほしいという必死の思いで連れてくるのだ。「お母さんには美しい死後の世界でまた会えるよ」。彼は書記学校に通い始めた息子によくそう言った。

毎日授業が終わると、まだ少年だったナクトは家に駆け戻って診療所で父の手伝いをした。しばしば父の気を散らしたり患者について不適切な発言をしたりして叱られはしたものの、治療の手伝いをすることは許され、成長するにつれ、さまざまな病気の診断もできるようになった。そして、実用的な読み書きを学んだあとは、父親の医学についての巻き物と、近くの神殿にある医学学校ペルアンク（「生命の家」）の図書室に所蔵されている巻き物を学ぶことに時間を費やした。24歳になったナクトは、今では自分ひとりでたいていの治療ができる。ネフェルホテプはこのとき、めいの結婚式に出席するためほんの短期間テーベに滞在しているところだった。にぎやかな祝宴では、酔っぱらって転んだり倒れたりした客の手当てを頼まれるはめになった。出席者たちは優れた技術を持つ医師がいるとわかると、ネフェルホテプのところに次々とやってきては、あつかましくも、体のさまざまな場所にできた湿疹やはげた場所をちょっと診てほしいとせっついてきた。誰もが知るように、ネフェルホテプはもう普通の村の医師ではなかった。彼はいまや王宮の医師長として、誰あろうアメンホテプ王その人と、王の家族と側近のお抱え医師になっていた。

馬車の事故

ネフェルホテプはテーベ地域では優れた医師として際立って高い評価を得ていたが、王室づきの医師の地位を得たのは、王の親友のひとりであるプタハエムハトとの偶然の出会いがきっかけだった。医師はその事故のことをよく覚えている。アメンホテプ王と同じように、プタハエムハトはスポーツ好きで、ときには危険な活動を楽しむこともあった。何年か前、ネフェルホテプは自宅からそう遠くない場所を歩いているときに、楽しそうな叫び声と緑地の端の乾いた道を駆けるひづめの音を聞いた。そこは農作地と砂漠の境界線となっている道だった。猛スピードで走らされている2頭の馬が引く馬車の後ろに上等な亜麻布の服を着た男が立ち上がっていた。「なんてばかなことを」と、ネフェルホテプは嘆いた。一度ならず、彼はこの種の無謀な行ないの結末を目にしていた。そして、たいてい、そのばかげた行為をするのは、軍の高官か王宮仕えをしている者だった。王自身のそうした危険な振る舞いは伝説にも近くなっていたが、ここ数年は無謀な活動を控えているようだった。

すぐに、予想されたとおりの大きな衝突音が聞こえた。木製の車輪の軸が1本折れて馬車が

馬車

後ろ脚で立つ馬に引かれた馬車に乗って戦うファラオの姿は、新王国時代の王の記念碑ではよく知られたモチーフだ。しかし、戦争の道具としてエジプトに馬車が導入されたのは、比較的後期になってからで、領土を拡大して帝国を築き上げる直前の時代に、東方の国から持ち込まれた技術が使われるようになった。射手が効果的な台座として使う戦闘での利用のほかに、馬車は王や貴族の移動用の車両として役立てられた。ツタンカーメンの墓所から完全な形の保存状態のよい馬車が6台見つかり、構造と利用法について豊富な情報を提供した。

倒れ、乗っていた男性が下敷きになったまま引きずられていた。馬たちはそれに気づいてゆっくり止まり、すっかり動揺してもがき、いなないている。ネフェルホテプはその場に駆けつけた。男性は体がよじれて死んでしまっているだろうと思ったが、馬車の下敷きになって動けない状態で、苦しそうにあえいでいた。ネフェルホテプの懸命の努力で、なんとかじゃまになっている馬車の羽目板をどけ、負傷した男性は新鮮な空気を吸うことができた。

馬車の残骸から引っ張り出そうとすると、男性はうめき声を上げた。高貴な身分の人物であることは明らかだった。実際に誰であるかを知るのはあとになってからのことだが、彼こそが王からの信頼も厚い、有名なプタハエムハトだった。アメンホテプの子どものころからの友人で、扇係を務める人物だ。医師は彼の状態をざっと調べ、呼吸音を聞き、脈を測り、頭部の陥没部分をチェックし、数多くの腫れや予想された擦り傷を確認した。負傷者の体を順に調べながら、亜麻の腰布をめくり上げると、唯一の重傷と思われる部分が現れた。左脚上部がひどく腫れ上がっていた。明らかに骨折して、真っぷたつに分かれそうになっているが、幸いにも骨が皮膚を突き破ってはいない。

そのころには、近くの村から何人かの農夫や他の住民が事故のあった場所に集まってきていたので、ネフェルホテプはそのなかの４人の男性に、ひどく混乱した患者をやさしく抱き上げて診療所まで運ぶように頼んだ。診療所に着くと、うめき声を上げているプタハエムハトを運び入れ、亜麻布を折りたたんで重ねた寝台の上に注意深く仰向けに寝かせ、同じ亜麻布の束を頭の下に敷いて枕代わりにした。助手を務めるナクト以外は全員に外に出るように言い、ネフェルホテプは再び体の状態を調べ、折れた脚のところまでいくと、数分間、指先をあてて触診した。「たぶん助けられると思う」と、彼は息子に告げた。「水を少し飲ませて、うまく飲めるようなら、ナツメヤシのワインを1杯飲ませよう。それにマンドレイク［薬草として用いられた植物］の粉末を加えて眠らせる。首にいくつか護符をかけておくれ」。ナクトは次に何が起こるかをよくわかっていた。ワインと粉末を混ぜた飲み物の効果が数分後に現れ始めたら、ほぼ真っぷたつに折れた脚の骨を正しい位置に戻そうとするはずだ。

折れた上脚部の骨の手当てはいつもむずかしい。たいてい周りの分厚い肉がじゃまになるからだ。ネフェルホテプはこれまで何度もこうした手当てを試みたことがあり、テーベ周辺には彼の治療によって生き残り、なんとか普通の生活を送り続けている運のよい人たちが何人かいる。今回は幸いにも、プタハエムハトの脚は運動不足のためか、どちらかといえば肉が薄く、成功の見込みが大きかった。

負傷者をできるかぎり最適な体勢にして、治療が始まった。「準備はいいか、ナクト？」ネフェルホテプはプタハエムハトの皮膚越しに骨の先端を確かめながら、息子にたずねた。「私が引っ張ってひねるから、彼のひざを強く引いてくれ」。患者は大きく息を吐いた。治療はほんの

医学的処方

エジプトの医薬はじつにさまざまなもの——動物、植物、鉱物——を利用した。単独で使われることもあれば、望ましい効果を求めて、何種類かを組み合わせることもあった。古代の医学文書がわずかながら見つかっており、大部分がパピルスに書かれたこれらの文書から、命にかかわる重傷から抜け毛の治療まで、さまざまな症状の治療法の一端を知ることができる。とくに興味深い医薬の材料としては、ロバのミルク、オイルで熱した古本、彫像に付着した埃、船体の木材に見つかる湿った膜、豚の歯を砕いたもの、ハゲワシの血、ナマズの頭、猫の糞などがある。はげ頭を治すための治療法に、カバ、ワニ、ライオン、蛇、猫、野生の山羊の脂肪を同量ずつ混ぜて、頭皮にすり込むというものもあった。

数秒で終わり、負傷した脚はうまく元の位置に戻ったが、患部の周囲の腫れが予想どおりひどかった。「きれいにしてやろう」と息子に言うと、ふたりでプタハエムハトの裂けた衣服をそっと取り除き、注意深くすべての擦り傷や切り傷を洗った。ナクトはその後の、蜂蜜塗りと包帯を巻く作業を任され、父親はミョウバン、大麦入りの牛乳、粘土を合わせて作った湿布を用意し、骨折部分に巻きつけて、両側に添え木をあててしっかりと固定した。

治療が終わりに近づいたとき、彼らの仕事はふたりの訪問者によって中断された。優雅な衣服をまとった役人が、いかめしい顔をして部屋に入ってきたのだ。「彼は生きているか？」と、ひとりがたずねた。

「はい。しかし、危ないところでした」と、医師は答えた。「ひどい衝突で、私たちが見つけたときには死にかけていました。脚の骨が折れていましたが、再びつなげて包帯を巻いています。今は眠っているところです」

「これが誰だか知っているか？」と、もうひとりの役人がたずねた。

「いいえ。ですが、着ているものと、彼が非常に高価な馬車に乗っていたことを考えると、とても高貴な身分のお方なのでしょう」

「そのとおりだ。彼はプタハエムハト、アアケペルウラー・アメンホテプ王の扇係だ。王が自ら彼に馬車を使うことを許した。おそらく、もっとスピードを落とすべきだったのだろう。ナツメヤシ酒の臭いがするようだが、発見したときに彼は酔っぱらっていたのか？」

「いいえ、そうではありません。治療の間の痛みを和らげるために、私たちが飲ませたのです」

「われわれが彼を王宮まで連れて帰る。王宮にいる専属の優れた医者が今後の手当てをするだろう」

ふたりの役人は姿を消すと、何枚もの布を重ねたクッションを敷いた荷台につながれたロバを連れて戻ってきた。農夫から徴発してきたもので、何人かのたくましい男たちにプタハエムハトを荷台まで運ばせた。それ以上は何も言わず、向こう見ずな扇係を乗せた荷車はテーベの王宮の方向へと走り去った。

医師の昇格

それからの数か月、診療所ではいつもどおりの日々が続き、ちょっとした痛みや後遺症で悩む患者が次々とやってきた。馬車の事故はすぐに思い出のひとつになるところだったが、ある日、プタハエムハトを連れていった王宮の役人のひとりが命令を携えて現れた。「王宮から呼び出しだ。そのみすぼらしい汚れた服を一番よい服に着替えなさい。私は外で待っている」。ネフェルホテプは腹を立てなかった。確かに、医師の仕事をしていると、忙しい1日の終わりには、血まみれになるか、汚れた状態になるようなこともある。彼は言われたとおりに着替え、役人とふたりで川まで歩いていくと、そこには小さな美しい内装の船が待っていた。漕ぎ手が4人乗っている。役人は何の説明もせず、そのぶっきらぼうな態度はネフェルホテプを当惑させた。プタハエムハトは彼の治療のせいで死んでしまったのだろうか？　ネフェルホテプはすぐにその答えを知ることになる。王宮の敷地に近い桟橋に着くと、ふたりは船を降り、立派な門をくぐって王家の居所まで歩いていった。

守衛がすばやく彼らを中庭に案内し、そこでネフェルホテプは別の男性に引き渡された。彼は「王宮医師監査官」と自己紹介した。「一緒に来たまえ」と監査官は言い、ふたりはいくつかの通廊を歩いて、明るく照らされた、ベッドと椅子があるだけの簡素な内装の部屋に入った。ベッドにはじっとして動かない体が仰向けになって、木の枕が頭を支えていた。「これがあの馬車に乗っていた人で、死んでいるのだろうか？」と、ネフェルホテプは思った。

ふたりが部屋に入る音を聞くと、寝ていた体が起き上がり、満面の笑みを浮かべた。確かにプタハエムハトだった。彼は体を転がしてベッドの端までくると、壁に立てかけていた長い杖をつかみ、腕の力を使って立ち上がった。慎重な足取りでネフェルホテプに近づくと、かつての患者は長い抱擁で彼を迎えた。「君の治療と神のご加護が私を癒してくれた。君に贈り物がある。王と話して、君を王宮の医師に推薦した。王は同意され、ここにいる監査官も、君の治療はすばらしかったと認めた。知ってのとおり、われわれはときどきテーベに滞在し、それ以外はたいていメンフィスにいる。これは名誉なことだ。ぜひ引き受けてもらいたい！」

ネフェルホテプはこの申し出に圧倒され、プタハエムハトと監査官との豪華な食事のあとで、数日中に返事をさせていただく、と伝えた。そう、これは確かに大きな名誉で、村の医師の、血まみれで汚れる仕事の毎日からは大きな変化になるだろう。しかし、まずは息子と話し合わなければならない。ナクトはこの知らせに興奮すると同時に、怖気づきもした。父のためには興奮したが、自分がこの診療所をひとりで切り盛りするのだと思うと怖気づいてしまったのだ。彼の若さを考えれば、当然の反応だ。しかし、これほどの機会をどうして断ることなどできるだろう？　ネフェルホテプも同じ思いだった。そこで、この名誉ある仕事を引き受けることに決め、もしメンフィスの王宮を拠点にするのであれば、口実を見つけてできるかぎり頻繁にテーベに戻ってくると、息子に約束した。

ネフェルホテプの王宮医師としての最初の日々は、神経をすり減らすものだった。彼は経験豊富な同僚たちに加わったが、なかには数十年も王宮で働いてきた者もいた。彼らはエジプトの最高峰の専門医の集団で、王族の誰かやその使用人に起こりうるすべての病気やけがに対処できる体制を整えていた。特定の体の部位や、歯だけを専門にする者もいる。ほとんどの者がプタハエムハトの救出の話を聞いており、感心した者もいれば、ネフェルホテプのすばやい昇進を少しばかりねたましく感じている者もいた。それでも、彼にこの地位に就く資格があることと、経験の幅広さと深さは確かだった。王宮医師監査官全員が彼の知識に驚き、疑いはすぐに尊敬に変わった。

はじめて王に会ったときには、恐ろしさが先に立った。ネフェルホテプはテーベの祭りのときに、遠くから王の姿を何度か見たことはあったが、間近で直接会うのははじめてだった。「彼は人間の体を持っているかもしれないが、それでも神なのだと忘れてはいけない」と、何度も警告された。約束の日、上等な白い亜麻布の服を着たネフェルホテプは、メンフィスの王宮内を案内され、王の謁見室なのだろうと推測することしかできない部屋に通された。室内にたむろしていた数人は、みな立派な服を着ていた。プタハエムハトもそのひとりで、助けなしで

第1中間期の王宮医師イレナクティのギザの墓のレリーフ。眼病、消化器病、肛門病など、専門分野の範囲も記してある。

ゆっくりと歩いてくるようすは、傷の治療がうまくいった証拠だった。

「ネフェルホテプ、こちらへ！」と、扇係は叫んだ。

医師はプタハエムハトに続いて、男性数人が集まって話をしている場所へ行った。ふたりが近づいてくるのを見て、彼らは道をあけた。ネフェルホテプはもう少しで気絶しそうになった。そこには、アアケペルウラー・アメンホテプ王その人が、黄金に輝く椅子に座っていた。王はあちこちで見かける石像よりも年老いて弱々しく見えた。髪は白髪交じりで、ところどころはげている。医師がひざまずいて漆喰塗りの床にキスすると、アメンホテプは含み笑いをした。「立ちなさい！ わが友プタハエムハトが馬車でへまをしたときに助けたというのは、おまえだな。よくやった。彼には私の馬車に乗る前には、もうワインを飲まないように忠告したので、安心するがよい」

「彼は酔ってはいませんでした」。ネフェルホテプは緊張して、どもりながら言った。生ける神への最初の言葉が、「彼は酔ってはいませんでした」だったことに、とまどっていた。アメンホテプもプタハエムハトも声を上げて笑ったので、医師はほっとした。

「私を恐れる必要はない。おまえはこれから私と家族、そして、エジプトで最も重要な者たちを診察し治療することになるのだから」

王が病に倒れる

アメンホテプとネフェルホテプの間にはすぐに友情が芽生えた。新しい王宮医師は、王に何か健康上の問題があるときには、最初に呼ばれることが多くなった。2年もすると、彼は王宮医師監査官の地位に昇進した。つねに高度な治療を確実に提供することが求められる非常に重要な役割で、彼はその責任を重く受け止めた。アメンホテプと王族からの信頼がどんどん増したため、前任の王宮医師長が急な病であっという間に死んでしまうと、ネフェルホテプがその地位を引き継いだ。とんとん拍子の出世をねたむ者もいたが、テーベで次々と訪れる患者を治療する生活を長年続けてきた彼は、自分にはその資格があると自信を持ち、昇進を名誉に感じた。

この日、ナクトは腕に枝が刺さった男の子の治療を終えると、診療所を閉めた。ネフェルホテプは王を有能な十数人の専門医の手にゆだねて、メンフィスを離れてテーベに滞在していたが、めいの結婚式も終わったので、そろそろメンフィスの自分の職務に戻るときがきた。テーベの王宮に隣接する船着場で、彼は北に向かう小さな王家の船に乗り込んだ。優れた操舵手であれば、目的地までわずか1週間の旅だ。船の両側には目を楽しませる美しい風景が広がり、船上のキャビンが日陰と快適な寝場所を提供し、くつろげる船旅になった。

しかし、メンフィスまであと2、3時間のところで、別の王家の船がまっすぐこちらに向かってくるのが見えた。帆を高く揚げ、ほとんど衝突しそうな勢いで近づいてくる。2艘の船は互いに横づけし、ネフェルホテプは船長のイプから、急いで王宮に戻る必要があるため、船を乗り換えるように告げられた。王妃のティアアの命令だという。すぐに乗り換えると、イプは12人ほどの乗組員に、帆を下げ、オールを水中に下ろしてメンフィスの港に戻るように命じた。船長は、自分は細かい事情を知らないと言い張ったが、何事か緊急事態が起こっているのは明らかで、ネフェルホテプは激しい不安にかられながらも推測するしかできなかった。

メンフィスに着くと、イプが待機していた馬車と御者のところまで医師を案内し、馬車はほんの数分で医師を王宮に送り届けた。彼が門を通って部屋に通される間も、すべてが奇妙なほど静かだった。部屋のなかで念入りに体を洗うと、彼は新しい清潔な亜麻布の服に着替えた。何が待ち構えているのだろうと心の準備をしながら、ネフェルホテプは使用人のひとりに導かれ、すぐさまアメンホテプ王の薄暗い寝室に通された。彼はそこで目にしたものに衝撃を受けた。凝った装飾のベッドに横たわっているのは王その人で、汗だくになり意識が混濁していた。ティアアは床の上にかがみこんで泣き、プタハエムハトは静かに涙を流しながら、主人であり友人である王に扇で涼しい風を送っている。ベッドの前後には、イシス神とトト神の黄金の像が置かれ、アメンホテプの汗で濡れた胸の上にも、金や貴石の護符がいくつか置いてあった。おそらく、そばで呪文を唱えているふたりのセクメトの女性神官が置いたのだろう。ネフェルホテプが近づくと王宮医師の何人かが脇へどいた。ネフェルホテプには、彼らがこれまで最善を尽くしてきたことがよくわかった。質問すると、彼らはこの数日の状況を報告した。王は右の下腹の痛みを訴え、それが日増しにひどくなっていった。体内に廃棄物が溜まってい

エジプト人の寿命

古代エジプト人の死因は、数百はあっただろう。負傷からの感染病は一般的で、ワニ、蛇、カバに噛まれることや、サソリに刺されることも、深刻な結果をもたらした。ナイル川で溺れることもあれば、エジプトの多くの建設計画で、作業中に「労災」で死亡することもあった。出産も非常に危険な経験になりかねない。ミイラの調査から、ビルハルツ住血吸虫症、肺炎、マラリアなどもめずらしくなかったとわかる。また、疫病がときおり猛威をふるい、軍隊への参加も特異な危険をもたらした。古代エジプト人の寿命はわずか30年から35年だったようだが、かなり長生きした者もいる。新王国時代に強権をふるったラメセス2世もそのひとりで、在位期間は67年におよび、90歳くらいまで生きたともいわれる。

るのが原因だと結論した彼らは、浣腸をして、下腹に調合薬を塗り込み、吐き気を誘発する飲料を与えた。それぞれの治療法がいくらかの効果を上げたが、アメンホテプは理由なく嘔吐し、完全に力を失い、刻一刻と病状が悪化していった。

ネフェルホテプはアメンホテプに近寄ると、開いた口に耳をあてた。非常に浅くはあるが、まだ息はしている。次に、体の数か所で脈を測った。まずは首から、次には徐々に弱まる心臓の鼓動を聞いた。熟練した指をあてて、王の体をすみずみまで調べると、同僚たちの報告どおりの場所がとくに熱を帯びているのがわかった。王宮医師長はもう一度同僚たちにこれまでの治療法について質問したが、間違ったり不十分だったりするところは何もなかった。ネフェルホテプは再びほとんど命が消えかけた王の体に近づいて、若いころに覚えた呪文の言葉を朗唱した。

私とともに、偉大なる家の偉大なる存在、守護神であり永遠の支配者、神々の母がここに来られました。彼らがあなたに守護を与えてきました。私が授かったのは宇宙の支配者が作り出した呪文。それは、あなたの頭のなか、あなたの脊椎、あなたの両肩、あなたの肉と四肢のなかにある……神、女神、死んだ男、死んだ女がもたらす災いを排除するための呪文です。

エジプトの農耕地での耕作と種まき。

最も優れた医師ができることすべてをしてしまうと、もうあとはただ避けられない結果を待ち、神々が介在して同じ神の一員である王を癒してくれることを願うしかなかった。入口から、まだ若いトトメス王子が無表情で部屋のなかをのぞいていた。彼の将来にも暗雲が立ち込めていた。次の数時間、あるいは数日が山場だった。

農夫と牛飼いの協力

この数週間で、真っ黒な泥の堆積物は十分に乾いて、畑を耕し、種をまく時期になった。実際のところ、バキはこの時期がくるのを楽しみにしていた。ムトゥイと牛飼いの親友センナがときどき手伝ってくれたおかげで、作業ははかどった。手伝ったお礼として、センナはその年の終わりに穀物を数かご分もらえる。そして、必要なときには、今度は自分のほうが手を貸す、とバキはセンナに約束していた。

種まきの時期が来ると、センナが「借りてきた」丈夫な牛2頭を引いて現れる。バキはその牛たちにハンドルつきの大きな木製のすきをつなぐ。バキがすきを操り、その刃に体重をかけて土を掘り起こすのに合わせて、センナが牛をあらかじめ決められたコースで先導する。ムトゥイの仕事は山ほどある家事がほとんどだが、毎年数日は畑に出て、牛の前を歩いて種をまき、それを牛に踏ませて地面に埋まるようにした。作業は大変だが、冗談を言い合ったり、歌を歌ったりしていると、少しは楽になる。少なくともその瞬間は、人生はすばらしいと感じられる。太陽が明るく輝き、鳥たちがさえずり、威厳に満ちた川は流れ続ける。北のメンフィスで繰り広げられている深刻なドラマのことなど何も知らず、畑に出ている彼らにとって、それは美しい1日だった。

第7章 種まき期 第3の月

王の死

アメンホテプ王が病に倒れてからまだほんの数日、あらゆる治療を試したが、王に回復の兆しは見られない。ティアアは王のベッドから少し離れた場所に敷いたマットの上に横たわり、セクメトの女性神官たちがまた順番に呪文の朗唱を続けていた。薄暗い明かりが灯る部屋の壁に、彼女たちの影が揺らめく。王宮医師長のネフェルホテプはときおり束の間の休息をとれたものの、一定間隔で目覚めては、まだ試していない治療法や、何らかの悪霊が悪さをしている可能性について同僚たちと話し合った。すでに悪魔祓いを何度も試みて、疑わしい悪霊を特定して呼び出したりしたものの、ほとんど効果はなかった。プタハエムハトは取り乱したままで、王のために扇の風を送り続けた腕は疲れ切っていた。王は汗の量もどんどん減っていた。

それを回復の兆しとみなす医師もいたが、ネフェルホテプは楽観的になれなかった。定期的に確認する呼吸と脈拍は、命がしぼんでいく徴候を示していた。

王が倒れてから4日目の真夜中ごろ、ネフェルホテプは、動かないうつぶせの体をもう一度確認した。診断ははっきりしていた。アアケペルウラー・アメンホテプ王は逝去した。ネフェルホテプは用心深く、絶対に間違いがないように、患者の状態をもう何回か確認しながら、部屋にいる人たちにどう伝えるべきかを考慮していた。ベッドの端でひざをついた状態から立ち上がると、腕を広げ、女性神官や扇係たちにうなずいた。すべての音が鳴り止み、ティアアは見上げて、予期していた恐ろしい言葉が告げられるのを待った。ゆっくりと、慎重に、ネフェルホテプはめったに口にしない言葉を発した。やがて国全体に伝えられる、衝撃的とまではいわずとも芝居がかったその言葉は、20年以上前のトトメス3世の逝去のときからよく記憶されているものだ。「ハヤブサは天に昇った」

すぐさま、部屋のあちこちですすり泣きが始まり、いつもは感情を表に出さない医師たちの目も涙で膨らんだ。ティアアは甲高い声を上げて床から立ち上がると、夫の体にすがりつき、女性神官たちも声を出して泣き始めた。宰相アメンエムオペトが部屋の入口にいた警備隊長のところに近づいた。「誰にも言ってはならない！　すぐにエジプト中が知ることになるが、今はまだ早い」。用心を重ねるのには理由があった。王の何より重要な役割は「マアト」、すなわち宇宙の真理と秩序を維持し、混乱を防ぐことだ。彼の死によって騒動が起こる可能性があった。宇宙は今、ぎりぎりのところで均衡を保っている。邪悪な勢力が現れて、「ふたつの国」の安定を脅かすかもしれない。これは最大の警戒を要する状況であり、人民がパニックに陥る可能性を考えれば、王の逝去の発表は熟慮したうえで慎重に行なう必要があった。

トトメス王子が前に進み出て、母親をなぐさめた。悲しみながらも感情を表に出すことなく、彼は母の肩に手をあて、静かにそばに寄り添った。ネフェルホテプはほかの医師たちのところへ行き、これからの手順を話し合った。「ここに数時間、王の亡骸を安置しておき、それから防腐処理師（エンバーマー）たちが運び出しにくる。そうすれば、準備が整うまでの間、ここにいる人たちに悲しみを表現する時間を与えられる」。懸命に治療にあたった最初の日から、ネフェルホテプは内心でこの結果を予想し、最上級の防腐処理の道具とそれに関連した必要なものを目立たないように運び込ませる指示を出していた。もちろん、故人の身元は決して知られないように念押しして。ミイラ化の作業のために、特別なテントが宮殿内に建てられた。

秘密を秘密のままにしておくのが困難な土地で、非常に高い身分の誰かが亡くなりそうだというわさはすでに飛ぶように広まっていた。王子のひとりか、王妃その人か、あるいは王の親しくしている友人の誰かだろうか？　間違いなくアアケペルウラー・アメンホテプ王であるはずがなかった。鍛え抜かれたアスリートで、健康の権化のようなお方なのだから！　トトメス王子はいくぶん繊細で甘やかされて育ったように思われていたので、亡くなったのはこの王子だという見方が優勢だったが、すぐに、王が逝去したという事実が人々の知るところとなり、そこからうわさはすぐにメンフィス中に、そしてあらゆる方向に急速に拡散した。

悪い知らせの伝わり方は、通常よりはるかに速く、アメンホテプ王の死と、それに伴う悲しみと恐怖はすぐにテーベ以遠にも届いた。予想されたとおり、王の死因についてはあらゆる憶測が飛び交い、なかには実際の医学的要因とは程遠いものもあった。王は暗殺されたのか？　カバ狩り王宮に強盗がいたのか？　狩りか何かのスポーツをしている間の事故だったのか？　カバ狩りをしていて――カバはカオスの象徴だ――パピルスの沼地で溺れたのか？

ミイラ職人

メンフィス一の防腐処理師として尊敬されるマフの監督のもと、テント内ではすべての準備が整い、助手たちは宰相からの遺体を運び出す指示を待っていた。王族のミイラ化はめったにあるものではないが、最後に手がけたのはほんの数年前で、この同じチームが細心の注意を払ってウェベンセヌ王子の防腐処理をした。棺に入った彼の遺体は、テーベ丘陵の王家の墓所の、アメンホテプ王自身の埋葬室の隣の部屋に安置された。アメンホテプの遺体は最上級の敬意を払って扱われるだろう。身分の劣る者たちのための防腐処理施設でのように、冗談を飛ばすようなことがあってはならない。大きな鼻、大きな足、小さな体の部位などを嘲笑するようなことがあってはならない。これはただの人間ではなく、神でもある王の遺体なのだ。

マフは若いころにこの仕事の修業を始めた。最初は地方の防腐処理施設で、香と明かりの管理から始め、その後、道具を洗い、ナトロンと亜麻布を運ぶ役割に進んだ。やがて自分で遺体を扱うことを認められ、必要であれば動かし、取り出した臓器を鉢に受け、遺体にオイルを塗り込んだ。年数が経つにつれてより責任ある作業を任され、高度なものから低級のものまで、ミイラ化のスキルが評価され、最も高貴な人物の処理を依頼されるまでになった。

数時間後、アメンエムオペトが命令を下し、王の遺体を運び出すための担架が部屋のなかに持ち込まれた。遺体を取り囲んでいた者たちは泣き続けていたが、脇へ下がり、マフが静かに亜麻布を遺体にかぶせ、ベッドから担架まで移動させる指示を与えた。最大限の敬意を表しながら、防腐処理チームの4人がゆっくりと厳粛に、遠回りの小道を通って準備を整えたテントまで担架を運んだ。

多くのエジプト人と同様に、マフは遠くからしか王の姿を見たことがなかった。最初にアメンホテプの動かない体を見たときには、驚くとともに、畏怖の念にかられ、これほどの豊富な経験をもってしても、神である王をミイラにするという責任の重さは、彼をひるませた。この

ミイラ化の材料

ミイラ化に使われる乾燥剤のナトロンは、古代の乾いた湖床に見つかる天然物質で、エジプトの西方砂漠にあるナトロン湖に多く見つかった。その化学成分には、炭酸ナトリウム、重炭酸ナトリウム、塩などが含まれる。土と混ぜた、あるいは生のナトロンを入れた袋や壺がしばしば墓地に見つかる。あるいは防腐処理の材料を含む遺物に見つかることもある。ミイラ化に使われたその他の材料には、輸入された乳香と没薬、松や杉の樹脂、蜜蠟などがある。

職業に就く者のなかでも、これだけの名誉にあずかれる者はほんのわずかで、トトメス3世が同じように天に昇った26年前が最後の機会だった。マフは、王宮からテントまで担架を運ぶ助手たちが恐れおののき、震えているのがわかった。入口の守衛が扉を開け放ち、助手たちはなかに進んだ。

ミイラ化作業のためのテントは、本当にしっかりと準備が整っていた。最も高価で純度の高いオイルが入った壺、上等な亜麻布の束、さまざまな金属の道具を載せたトレイ、そして、何より重要なものとして、おそらく最も不可欠な材料、ナトロンを入れた大きな鉢。この白い、細かくすりつぶした物質はメンフィス北西の砂漠で見つかる。乾燥剤としての性質は数千年前から知られていた。もし長く遺体を保存しようと思うなら、完全に乾燥させなければならない。ロバのキャラバンが大量のナトロンを集めるために定期的に砂漠へ向かい、エジプト全土の忙しい防腐処理産業に役立てられていた。

遺体のミイラ化はかつて生きていたその体の所有者の面影を残すことが重要だった。そうすることで、魂（カー）はその体をずっと認識できる。カーは故人の寿命が尽きても生き続け、うまくいけば成長していく。そのため、あらゆる供物が墓主の礼拝堂の壁に描かれ、実際の供物が遺体とともに埋葬される。残念ながら、すべての人がこの処置を受けられるわけでも、精巧な棺や副葬品が用意されるわけでもない。実際のところ、それは大部分のエジプト人には手に入らないものだ。心やさしいマフは、「ふたつの国」を労働で支えてきた普通の村人たちが、砂漠の端の土地にあるただの穴に埋められていることが悲しかった。何杯かのビール、ファイアンス陶器の護符のネックレス、おそらく櫛などが、彼らに供えられるすべてのものかもしれない。

その一方で、少しばかり多くの資産を手に入れられる者たちにはいくつかの選択肢があった。基本的な臓器摘出と乾燥、安い亜麻布の包帯を大雑把だが見苦しくない程度に巻く、簡素な無装飾の棺に安置する、などだ。そこからは、立派なミイラにするために使う材料の質、かける時間と手間によって、費用は大きく膨らむ。安いほうの処置は、まあ許容範囲の仕上がりにはなるが、おそらくかつて呼吸をしていた人間というよりは、塩漬けの魚のように見える。これから実施されようとしているような最高級のミイラ化は、故人がただ昼寝をしているような姿の仕上がりが期待される。

マフは、タイミングが重要だとよく知っていた。肉体の腐敗を引き起こすプロセスは死の直後に始まるので、最善の結果を生もうと思うなら、無駄にする時間はない。亜麻布のシーツをアメンホテプから取り払うと、マフはあらためてじっくりと王の遺体を見た。青ざめてやせ衰え、口が開き、目が大きく見開かれている。これまで称賛されてきたような、鍛え抜かれたアスリートの英雄としての面影はまったくない。助手たちは恐怖で麻痺したかのように、おそるおそるのぞき込んだ。「われわれには重要な仕事が任されている。さあ、始めよう」。マフはそう言った。職人のひとりが、よい香りのするジュニパーオイルの壺をいくつかと、上等で清潔な亜麻布を持ってきた。助手のひとりはランプの明かりを絶やさず、香を焚き続ける役目だった。アメンホテプはそれから、低い、薄い石板の上に載せられた。その縁には溝があり、体から流れ出た液が排出されるようになっている。

最初のステップは、徹底的に体を洗い、きれいにすることで、それから防腐効果のあるオイルを皮膚にすり込む。その次がきわめて重要で、最も骨の折れる作業だ。臓器と脳の大部分を取り出すのである。洗浄した体を仰向けにすると、マフは助手が持つトレイから、信じられないほど鋭い黒曜石の刃を選んだ。もうひとりの助手がいくつかの大きな鉢を手にしてひざをついた。それぞれに純度の高いナトロンがいくらか入っている。敬意を込めて、マフはナイフの刃をアメンホテプの左の下腹部にあて、何度かナイフを動かして練習したあとで、深く斜めに切り開いた。

脳についての考え

医師たちは頭部のけがが体に与える影響について認識していたが、古代エジプト人は脳の役割をほとんど理解していなかった。その代わりに、心臓が知性と感情の中心と考えられていた。休息時や興奮時で変化する心拍、とくに心臓が止まったときが死を意味することから、その重要性が注目された。脳はおもに頭蓋のなかの空洞を満たす物資からできているとみなされ、ミイラ化の際には取り除かれ、保存しないのが一般的だった。

長年の経験から生まれる自信を支えに、マフは切り開いた部分に手を突っ込み、ぬるぬるした腸を引っ張り出して、鉢のひとつに入れていった。腸につながっているものがあればすべてナイフで切り離した。鉢はすぐに持ち去られ、数壺分のナトロンをたっぷりと腸の上に注ぐ。次は心臓以外の臓器の摘出で、細心の注意を払って取り出した肝臓、胃、肺を、別々の鉢に入れて乾燥させる。マフはそれぞれの臓器がどこにあるかを正確に知っていて、感触を確かめながら探り当てると、見事な手際ですべて取り出し、心臓を損なうような切り傷はまったくつけなかった。亜麻布の束が手渡され、体にぽっかり開いた穴のぬるぬるした壁をヤシ油できれいにふき取り、汚れた布は大きな白い壺に詰め込んだ。

次の段階は注意深く行なう必要があった。ミイラの顔つきに影響を与えるからだ。助手のひとりがアメンホテプの頭を後ろに傾けてしっかり押さえている間に、マフは細いのみをつかむと、ゆっくりとファラオの鼻に差し込んだ。慣れた手つきで何度か木槌を打ちつけるだけで、頭蓋内部まで届く必要な通り道ができた。そこから鉤（かぎ）とへらを差し込んで、強くかき混ぜるようにすると、脳みそが細かくなり、いくらかの小さな塊が出てきて、残りは液状になる。そうしたら体を裏返し、頭の内側に残ったものが鼻腔を通って流れ出るように傾ける。

ヤシ油を注ぎ入れ、体を裏返して頭蓋から排出する。最後に松脂が注ぎ込まれ、鼻腔に小さく丸めた布を詰めた。それで、鼻の形を維持できるはずだ。内臓がなくなったアメンホテプの

ミイラ化ビジネス

「ミイラ」という語はアスファルトを意味するペルシア語に由来する。多くのミイラの外観が、タールで覆われているという印象を与えたからだ。ミイラ化の起源についてははっきりしない。砂漠に埋葬された死体が（風や動物に掘り起こされて）自然に乾燥し、単なる骸骨というより、生きていたころの故人と少し似ているように見えたのがきっかけだったかもしれない。どこかの時点で、人工的な遺体の保存が一般的になり、技術が発達して本格的な産業に成長するまでになった。ミイラ化の技術は時代によって変わり、エジプト学者はときには用いた技術によりその時代を特定することができる。のちの世紀のヨーロッパで、ミイラをすりつぶしたものが医薬品として人気が出た。19世紀には、エジプトへやってきた外国人旅行者がミイラの一部または全身を、しばしば棺とともに、変わった土産品として持ち帰ることができた。

体を再び洗浄し、体に開いた空洞をヤシのワインと香油で洗い流す。小さなナトロンの袋と亜麻布の束を詰めて、空洞のある体の形を維持し、脇腹の切り傷を丁寧に縫って閉じる。腕を上腹部の上で水平にクロスさせ、遺体をナトロンが注がれた木製の台に移すと、亡くなった王を頭から爪先までナトロンで覆った。その状態で数週間置き、亜麻布で複雑に包みなおしたあとで、70日後にテーベの王家の墓地に埋葬するため、移動の準備を始める。

労働監督官

職人とその家族のための特別に隔離された村に、その知らせが届くまで長くはかからなかった。「真理の地」と呼ばれるこの独特なコミュニティは、一般の人々とは隔てられ、彼らの重要な仕事——王家の墓所の建設と装飾——はある程度まで秘密にされている。テーベの丘陵に位置する王家の墓地は、その村から比較的近い距離にあり、離れた渓谷まで切り立った断崖を登る道を進む。少数の者にしか知られないように選ばれた土地だ。トトメス1世の指示でおよそ100年前に墓地の建設が始まった渓谷は、「偉大なる地」、より印象的な名称としては、「数百万年の高貴で善なるネクロポリス」と呼ばれ、王の遺体が永遠に妨害されることなく休息できる、安全で保護も簡単な最適な場所にあった。そこは、近くにそびえ立つピラミッドに似た

墓地造営職人の村

王家の墓地を支えた職人村は、現在ではデイル・エル＝メディナとして知られる。この100年の間に、考古学者が見事なまでに無傷で保存されていた村の遺跡を完全に発掘し、そこで暮らしていた人たちの日常生活とエジプト社会全体について多くの情報が得られた。王家の墓の建設の詳細のほかにも、数多くの文書が残っており、住民同士の関係や村を支えるために必要とされたものやサービスが記録されていた。興味深いことに、美しく装飾された古代エジプトの墓で最も保存状態がよいもののいくつかは、この村のなかに見つかっている。村に住む専門職人が自分たちのために建設したものだ。新王国時代の終わりに最後の王の墓が「王家の谷」に建設されたあと、村は廃墟になった。

形の山によってさらに神秘性が高められ、何世代も前の支配者によって建設された、北部の壮大な記念碑であるピラミッドの象徴的な力が与えられているように見える。

職人村の生活はうっとうしいとは言わずとも、しばしば単調で味気ないものだった。狭い区画に石工や絵師が暮らし、日常の必要品と報酬は王家から提供された。食料、さらには水までが定期的にロバによって運ばれ、供給が滞ると苛立ちのもとになる。アメンホテプの荘厳な墓所はずっと以前に委託され、作業はゆっくりと着実に進んでいた。そのコミュニティには有能な職人がいて、なかでも進取の気性に富む職人たちは近くに自分たちの墓を建て始めた。同じ身分の、ほかの場所で働いている者たちに認められているものをしのぐ、堂々とした墓だ。

アメンホテプ王の死のうわさは、数日のうちには職人村に届き、ある朝、労働監督官のベニアが王宮の書記何人かと予告なしに現れたことで、王の死は事実だとはっきりした。王は実際にその1週間ほど前に天へと旅立っており、彼の墓は2か月ほどで完成させ、埋葬の準備をしなければならなかった。実際に作業の指揮を執る現場監督のカーは、確実に準備を間に合わせるとベニアに約束した。通路と墓室の大部分はすでにほぼ完成していたが、まだ細部の作業が大量に残っており、埋葬室の柱や壁を碑文や絵画で装飾する重要な作業もそのひとつだった。

アメンホテプは即位してまもなく、ベニアの助言も仰いで作成した、自分の墓についての建設計画を承認していた。父であるトトメス3世のものと同様ながら、少しだけ大きく、より精

発掘された墓地造営職人の村、「デイル・エル＝メディナ」の遺跡。

巧にする。谷の断崖のふもとに位置する墓所の入口は、2、3段の階段が下り傾斜のまっすぐな通路につながり、途中に深い長方形の立坑がある。その立坑は万一の鉄砲水の際に下にいる職人を守り、また将来の盗掘を防ぐ目的もあった。いくつかの小さな貯蔵室を過ぎると、通路は左に鋭角に曲がり、2本の柱のある前室を通り、そこから階段を下りて短い通路を進むと埋葬室に至る。

トトメス3世の墓には、柱2本で支えられた楕円形の埋葬室があり、堂々たる石棺がその端に設置された。埋葬室の東西に4つの付属室がある。アメンホテプの墓も4つの付属室を計画していた――ひとつの部屋にウェベンセヌ王子を埋葬した——が、埋葬室はまっすぐに切り立つ壁と柱6本で支え、石棺は床に設けたくぼみに設置された。ベニアは自分の目で進捗状況を確認すると言い張り、彼とその取り巻きたちはカーに続いて聖なる渓谷へと向かう尾根越しの小道を進んだ。ベニアが自ら墓地へ足を運ぶのは数年ぶりになる。最後に来たのは石棺を設置したときで、これは最初から最後まで困難な作業だった。命取りにもなりかねない、垂直に近い崖沿いの道を、足元に集中して歩きながらも、彼はナイル川岸の緑の野原と遠くの砂漠の丘陵の息をのむほどの美しさを称賛せずにはいられなかった。カルナックの神殿も見え、彼の前任者が指揮を執って建設された光輝くオベリスクをはっきりと見ることができた。その下にはいくつかの記念神殿があり、アメンホテプ王に捧げられたものもあった。ベニアが翌日、間近で視察することになる神殿だ。

何人かの守衛を通りすぎ、渓谷の端に着くと、ベニアは王の墓の入口できびきびと働く数十人の労働者の姿を目にした。彼がまもなくやってくるという知らせがすでに届いていたことは明らかだ。谷へ続くジグザクの道は注意が必要だったが、すぐに建設現場に到着した。少しの間、大きな平たい岩の上で休むと、ベニアは彼の前に広げられた大きなパピルス紙に描かれた図面を確認した。「では、部屋はすべて完成しているのか？　壁は可能なかぎり平らでなめらかにしてあり、あとは漆喰を塗り、絵を描くだけの状態か？」

「はい」と、カーは答えた。

「よろしい」。ベニアは立ち上がりながら言った。「あまり時間がない。なかを見ておきたい」

オイルに浸したランプ用の芯を入れた器を持ったふたりの男が彼らに加わり、墓の最初の下り通路を進む間、内部を確認するために必要な明かりを提供した。大きな穴倉は建設資材で一時的にいっぱいになっていた。信じられないほど重い石棺を埋葬室に据えるために使ったものだ。それらの資材は葬儀が終わったあとに撤去される。ベニアはこれまでのところ、感銘を受けていた。墓の建設が委託されたのはもう何年も前のことだが、その巨大さと質の高さが、建設にかかった長い時間を説明する。よく組織された職人たちのふたつのチームが、全体が左右対称を維持するように、一方は墓の通路と部屋の左側を担当し、もう一方は右側を担当して、作業を続けていた。

左に曲がり、柱2本の前室を抜けると、さらに数段の階段と再び下り傾斜の通路があり、最後の埋葬室につながっている。ベニアは5段の下り階段の先の、浅く沈んだ場所に鎮座する王の石棺に引きつけられるように進んだ。巨大な石の箱は、誰も見たことのないほどの精巧なつくりで、この墓が閉鎖されたあとは永遠に誰の目にも触れないはずのものでもある。赤茶色の固い珪岩の一枚岩から彫られた石棺は、それ自体が偉大な達成だった。頭側には彫刻が施され、内部はアメンホテプの棺とミイラを納めるのに十分な大きさだった。近くに置いてある、それに見合う大きさの石の蓋が全体を覆う。ベニアはひざまずいて、なめらかに磨き上げられ

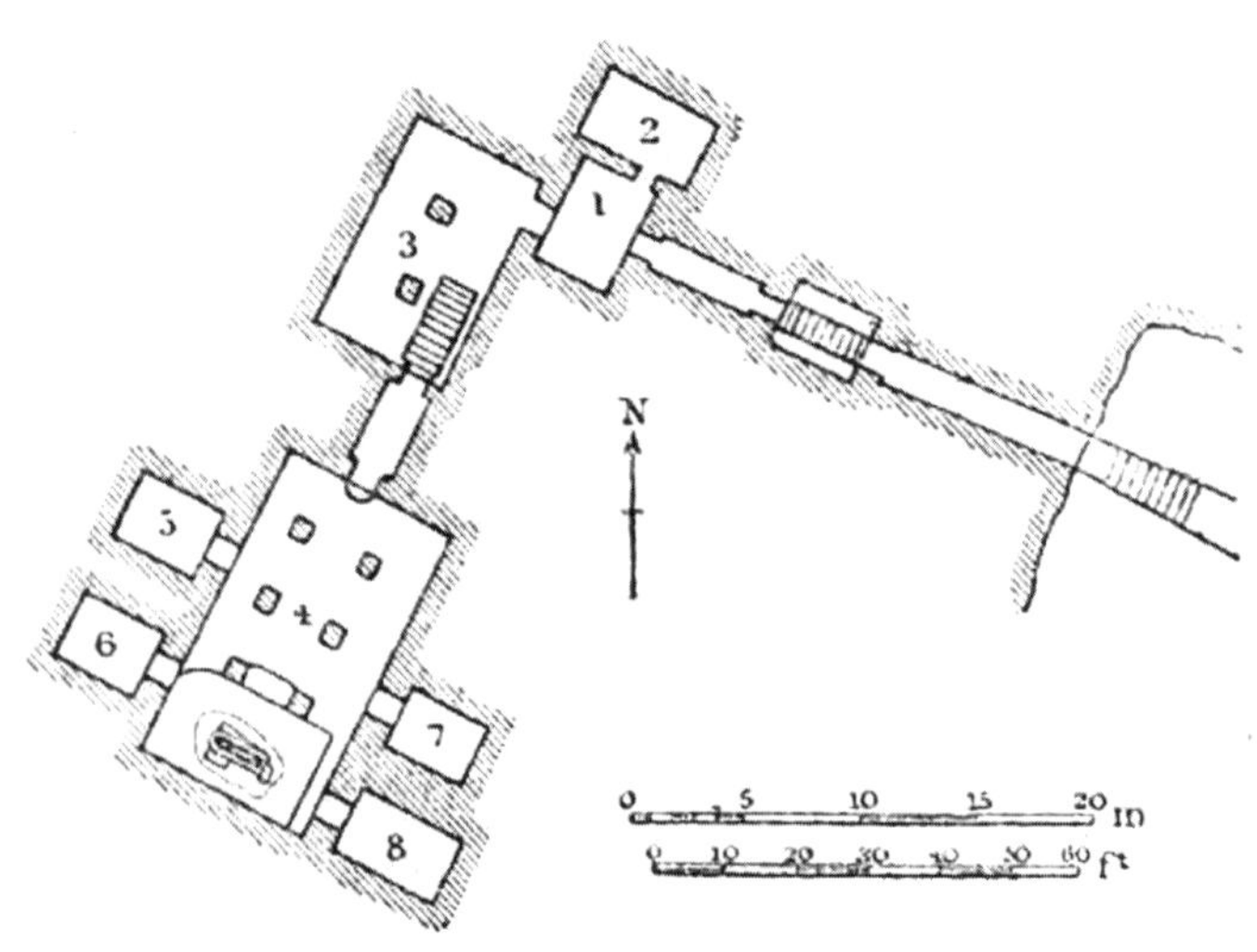

「王家の谷」(「偉大なる地」)にあるアメンホテプ２世の墓の設計図。

た石棺の側面に手を沿わせ、正確に刻まれた装飾に驚かされた。黄色の塗料で人物やヒエログリフがかたどられている。守護女神ネフティスとイシスが予想どおり頭側と足元に描かれ、側面には棺のなかの人物を守る他の女神を表す文字と像が描かれている。「オシリス神、アアケペルウラー王は、偉大な神として認められる」。彼はそう頭のなかで読んだ。アメンホテプはいまや死の神オシリスと一体になった。そして、彼の息子、生けるホルス神が彼に代わって玉座に着くだろう。

監督官ベニアは立ち上がり、そろそろ戻る時間だと態度で示した。外へ向かう途中で、彼はすでに閉鎖されている付属室のひとつで立ち止まった。ウェベンセヌ王子の棺がその向こうにある。ベニアは彼の成長を見守った。「とてもよい青年だった。偉大な王になっていたかもしれない」。小声でそうつぶやき、光が差す外の世界へと戻ると、新鮮な空気を吸い込んだ。

地下から戻ると、ベニアは集まった職人たちに告げた。「君たちも知っていると思うが、下の墓室が最も重要だ。とくに埋葬室の壁と柱だ。まず君たちが漆喰を塗る。後日、神殿学校の神官が壁に描く内容を記した指示書と巻き物を携えてやってくる手はずになっている。これは途方もなく責任の重い仕事だが、私は君たちが完璧にこの仕事をこなしてくれると信じている。葬儀の前にもう一度ここに戻り、すべてを確認する」。その言葉を残し、ベニアは岩の斜面を重い足取りで上がった。渓谷の端まで行けば、そこからは職人村まで下りの道が続く。ベニアは、暗くなる前にテーベ東岸の自宅に戻れることを願いながら帰途についた。

アメンホテプ王が死亡したという知らせに、バキの村のほぼ全住民が通りに飛び出した。反応はさまざまで、静かに涙を流す者、声を上げて泣く者もいれば、わずかにしょんぼりしている人たちもいた。年老いた護符売りのアフモジは、心からの悲しみと思える叫び声を上げて、村の目抜き通りを行ったり来たりした。バキは無関心だった。最近までアメンホテプの葬祭殿の建設作業に駆り出され、数週間不快な思いをしたばかりなのだ。王は自分にいったい何をしてくれただろう？　彼が懸命に働いて手にした穀物を税として取り上げ、自分はよい暮らしを

ナイル川を往復する堂々たる王家の船。

し、比較できないほど生活を楽しんでいたのではないのか。メンフィスやテーベにある豪勢な宮殿で暮らし、馬車や堂々とした船で国中を旅し、大勢の役人や使用人にあれこれ指示や気まぐれな命令を与えて仕事をさせていた。それでも、バキはエジプト人のひとりとして、アメンホテプがどのような存在であるかを認識していた。かつては生ける神の化身であり、いまや死した神となった。それを思い出し、彼は頭のなかにある純粋とはいえない考えを追い払った。

村に広がるうわさの大部分は、ふたつのテーマにまつわるものだった。死因と彼の後継者である。公式に伝えられた情報によれば、王の死は謎めいた事故や政治的陰謀ではなく、病気が原因であることは明らかだった。後継者については、現在の長子であるトトメスは、王のお気に入りの選択ではなく、通常とは異なる例外的な継承がなされるのではないかといううわさが以前からあった。しかし、すぐにその答えを誰もが知ることになる。

漁師のネフェルとウェニはナイル川の岸に座り、平静を保っていた。「誰が王になろうと、毎日魚を獲ることに変わりはない。生活はほとんど変わらないよ」。ネフェルは無表情にそう言った。

第8章

種まき期　第4の月

後継者の王子

アメンホテプ王が逝去すると、すぐさま論争が巻き起こった。王の遺体が防腐処理のためのテントに運ばれるとすぐに、王妃は宰相に駆け寄り言った。「私たちはすぐに王の死を発表しなければなりません。そして、トトメス王子がファラオの座を引き継いだので、何の問題もないと知らせるのです！」

「ティアア王妃、王子がアメンホテプ王の好んだ後継者でないことはよくご存じでしょう。王は病に倒れる前に、決断されようとしていました。私は王が、別の有能な王子のひとりを後継者にすると決められたのだと信じています」。宰相はそう答えた。

「そのとおりです。ですが、王はその選択を発表していませんでした。ですから、存命の息子のうち最長子が後継者になるべきです。トトメスの夢のことはお聞きになっていませんか？　ホレマケトと神々が彼を認めたのです」

「王子はスフィンクスの体を覆っている砂を取り除きましたか？」

「現在、その段取りをしているところです！」と、王妃は言い張った。

アメンエムオペトはそこで会話を中断された。何人かの高官たちが部屋に集まってきたのだ。「すべての人々に、彼らの敬愛したアアケペルウラー・アメンホテプ王が、病という悪魔との戦いに敗れ、天に召されたことを公表するように」と、王妃が命じた。「新たな力強い統治者として、彼の息子トトメスが王位を引き継ぎます。彼はマアト――真理、正義、秩序――の維持にただちに取り掛かるでしょう。何も恐れることはありません」

この宣言とともに、いまやトトメス４世の名に変わった新しい王が、

トトメス４世と彼の母ティアアの花崗岩の彫像。

薄暗い部屋の隅から姿を現し、その場にいた全員がおじぎをした。明らかに緊張したようすのトトメスは、母親に自分の代わりに話すことを認めた。

「パイリ、あなたにはアメンホテプが墓所に安置されるまで、宰相の座にとどまってもらいたいと思っています」。それから、王宮の執事ケンアメンに向かって、彼女は続けた。「あなたには今の地位にとどまり、国政の管理をするうえで、トトメスを助けてもらいます。それに、戴冠式の詳細を決定していかなければなりません。タネニ、あなたには軍の監督官として、敵がこの状況につけこみ何か動きを見せたときの対応を任せます」

トトメスは新しい王になることを宣言されたが、公式の戴冠式は縁起のよい日を選んで行なうのが伝統であり、次の吉日は4か月以上先の、新年の第1日、ウェプ・レンペトだった。その日にはトトメスと彼の側近がエジプト国内の主要都市と神殿をまわり、神々より王冠を授けられ抱擁を受ける。しかし、今この段階で、なすべき重要なことがあった。「トトメス、よく聞きなさい」。王妃は息子にささやいた。「すぐにスフィンクスの砂を取り除くのです！　それが絶対に必要です！」

アメンホテプの死からわずか1週間後、大きな軍用船数隻がクフ王とカフラー王の大ピラミッドに隣接する古代の船着場に係留し、300人の兵士が下船した。多くは空の大きなかごを運び、他の者は木のくわを担いでいる。船上には、少なくとも最初の数日は男たちを支えられる十分な食べ物と飲み物のほか、眠るためのマットと夜の冷えをしのぐための薪も用意されていた。命令が与えられると、兵士たちは砂から突き出しているスフィンクスの巨大な頭部まで短い距離を進み、砂を払いのけるという過酷な作業をただちに開始した。

まず、20人の兵士がふたり1組になってスフィンクスの脇に配置され、かごを足元に置き、くわをつかんで準備を整え、それぞれの後ろに男たちが長い列をつくった。全員が配置につくと、カフラー／ホレマケトを砂から解放する作業が始まった。くわは砂をすくってかごに入れるために使い、かごがいっぱいになるとただちに後ろにいる者に手渡し、列の最後尾にいる者がスフィンクスから十分に離れた場所に、砂を捨ててかごを空にする。掘り起こす穴が深くなったときに、再び砂に埋もれることがないようにするためだ。空のかごを集める役割の者が何人かいて、再び最前列まで運び、くわで砂をすくう重労働をしている者は、休みをとっていた者と交代する。指揮官が小高い場所に立ち、下級士官何人かがそばについて、作業を監督する手助けをした。手抜きがあってはならず、かごは砂をいっぱいにした状態で手渡さなければならない。優れた監督と交代要員を送り込むことで、作業はほんの数週間で達成される見込みだった。

王の葬儀を準備する

メンフィスの王宮では、王位継承の手続きが続けられていた。新しい王と新しい称号についての公式発表をすばやく行なう必要があったが、それは通常、戴冠式でなされる。そのために、宰相アメンエムオペトとアメン大神官アメンエムハトのふたりが、トトメスとともに必要な作業を確認した。王宮の主任書記フトゥトゥが記録するなか、3人は最も重要なことから始めた。王の即位名である。「長い間考えてきたのだが、私は『メンケペルウラー』、つまり『永遠なるかなラー神の出現』がよいと思う。私は『メンケペルウラー・トトメス』になる」と、元王子が考えを述べた。「祖父の『メンケペルラー・トトメス』とよく似ているしね」。他のふたりも、これは悪くない選択だと同意し、他の称号の決定へと進んだ。数時間かけて意見を出し合い、最終的なリストが書き記された。

第一は彼のホルス名で、「力強き雄牛、登場のイメージ」、または「力強き雄牛、テーベに愛されし者」が候補だった。伝統的なネブティ名（二女神名）が次にきた。これは、上エジプトと下エジプトを象徴するふたりの女神、前者はハゲワシの姿をとるネクベト、後者はコブラの姿

トトメス４世の王としての称号。

をとるウアジェトを意味する。選んだ称号は「アトゥム神のごとく不変の王位」とした。他の神々を生み出した創造神を思い起こさせる称号だ。そして、さらにもうひとつの「黄金のホルス」名は王をホルス神と一体化し、同様に力強さを与える「9本の弓もはねのけた強靭な力を持つ者」で、9本の弓はエジプトの伝統の敵を意味する。これらの一連の称号はそれから一般に使われることになり、そのあとに新しい統治者の即位名と誕生名が続く。

　称号選びが終わると、主任書記にトトメス4世からエジプト中の北から南まで広めるべきメッセージを記録するようにとの命令が下された。「この王家からの公布は、王である私——生きて、安定し、健康である——が、生けるホルスの玉座を継ぐ者として、上エジプトと下エジプトの王となったことを伝えるものである。この地上にこのような王はほかにはいない。わが称号は次のものである……」。ホルス、ネブティ、黄金のホルスの称号が続けられたあとで、公布の内容が続いた。「私は上エジプトと下エジプトの王、メンケペルウラー、ラー神の息子トトメスとして知られるであろう。この公布はまた、すべては支障なく、王宮に問題はないことを知らせるものである」

フトゥトゥは公布書を持って急いで部屋を出ると、王宮内の別の場所へ向かった。そこでは10人を超える書記たちがその写しを作成するために待ち構えていた。全員を集めると、主任書記はゆっくりと何回かメッセージを読み上げた。正確さは不可欠だった。多くの書記にとって、これは今まで書いてきたどの文書よりも重要なもので、おそらくこれ以上のものを書くことはこれからもないだろう。数多くの写しが42のノモスそれぞれの州侯と、メンフィスとテーベの高官たちに配布される。この公布により、エジプトが再び優れた統治者の手にゆだねられたことを人々に知らしめ安心させることが期待された。

アメンホテプの葬儀に関しては、多くの手配が必要だった。巨大な石棺とともに、いくつかの重要なアイテムはすでに製作ずみで保管されていた。王は何らかの事情で、つねに死亡する可能性があったからだ。もちろん、ファラオのミイラを包んだものを安置する威厳ある金張りの棺や、方解石の一枚岩から作った特製の美しい櫃もあった。その櫃のなかは4つに仕切られ、ファラオを防腐処理する間に取り除かれ、ミイラ化して包んだ4つの重要な臓器——腸、胃、肝臓、肺——を納め、それぞれを象徴する守護神の頭をかたどった蓋をかぶせる。テーベの王家の工房に保管されている櫃は、なかに入れる臓器を受け取るために北のメンフィスに運ばれてくる。

全体を見れば、アメンホテプとともに埋葬される数百の品の目録を作成し、準備ができているか確認しなければならない。必要であれば、王家の工房に作業ペースを早めさせ、2か月ほどの間にすべてが終わるように指示する。さまざまな神々の黄金の像、永遠に主人に仕えたいと望む使用人たちの小像、衣服や亜麻布を入れる収納箱、家具、王や神のシンボルを描いた大きなファイアンス陶器、食料、それにワインとオイル。さらに、同じくらい重要なものとして、アメンホテプのお気に入りの船「アアケペルウラー」はふたつの国の建設者」号の大型の模型も必要となる。これほどたくさんの仕事があるのに、時間は少ししかない！　大部分の品がテーベで製作中か保管されているため、アメンエムオペトはすぐに自分自身も南へ旅する必要があるとわかっていた。おそらく、ふたつの都市の間を何度か往復することになるだろう。

大掛かりな葬儀の段取りを決める必要があった。王家の大きな船のひとつに棺を載せるためのキャビンと、ティアアとトトメスが乗るスペースを設け、他の大きな船でほかの王族と政府の高官たちを運ぶ。船の通過を告知しておき、メンフィスとテーベ間のナイル河岸に住む者すべてが、王の死を嘆く機会を与える。そして、アメンホテプと副葬品を偉大なる地の墓所に移す厳粛な儀式には、細心の注意を払わなければならない。

織り子の姉妹

テーベ近くの村では、未亡人の姉妹が人々の注目を浴びるようになっていた。ふたりの長い巻き毛の黒髪と穏やかな振る舞いは、多くの独身男性の関心を引き、おそらく彼らの母親からの関心はいっそう強かった。タメレトは16歳のときに、サトムトは14歳のときに結婚した。これは寿命が短い土地ではめずらしいことではない。2年後の今、ふたりは姉の夫が遺した質素な家に暮らしている。

姉妹は奇妙なほど静かで、しばしば騒々しく活力に満ちた住民が多い村ではめずらしいタイプだった。ふたりが居心地悪く感じている理由のひとつとして考えられるのは言葉の違いで、下エジプトの故郷から遠く離れた土地で暮らす彼女たちは、ときおり発音がおかしかったり、南ではよく知られていない言葉を使うことがあった。なぜ北の故郷に帰らなかったのかたずねる者もいたが、そこで何が待ち構えているかを知る者はおらず、旅の費用を持っているかどうかもわからなかった。人々が知るのは、ふたりがまだ悲しみに暮れ、どちらも亜麻畑の近くにある織物工房に雇われていることだけだった。

毎朝、タメレトとサトムトは早い時間に目覚め、腰に布を巻いただけの格好で工房まで歩いていく。この村では女性たちの多くがこうした格好をしているが、冷え込む日や夜には肩にショールをかけたりもする。ふたりは最も洗練された衣服に使われる上等な亜麻布を生産する工房に雇われていたが、普段着の腰布とシンプルな筒形のワンピース2、3枚がふたりの持つ衣服のすべてで、ワンピースは特別な日のための晴れ着だった。

亜麻布工房は非常に忙しく、布の生産の全工程が同時に進行していた。国が保有するその工房は、社会のあらゆる層に提供される各種の布——労働者に報酬として、あるいは安い服として与えられる粗織の布から、王族やエリート層のための非常に美しく繊細な白い亜麻布まで——の注文を受ける。材料となる亜麻は、隣接する、やはり国が所有する亜麻畑からすぐに手に入った。

大きな煉瓦壁に囲まれた工房では、数十人の織工がさまざまな作業のために雇われていた。施設の一隅には、黄色っぽい亜麻の茎が積み上げられている。およそ8か月前の収穫時期に地面から引き抜かれたものだ。最上級の亜麻布はより若い、まだ緑色の植物から作られるが、需要が大きいのはもっと実用的な布で、十分に育った亜麻とそこから抽出される糸が豊富に供給

織物工房で働く女性たち。

されるため、工房は1年を通して忙しく稼働していた。

まず、大勢の男性工員が亜麻の茎をたらいに入れて水に浸し、やわらかくする。その後、特別な櫛を使って繊維をかき出す。細い繊維はかごに入れて紡績機まで運ばれ、そこにいる工員が巻き取り機を器用に使って材料を糸に変えていく。そこから、亜麻糸を織機にセットし、布に織っていく。この作業の大部分は織物のマットを重ねた間に合わせの屋根の下で行なわれ、織工たちが作業に集中している間、強い日差しと暑さから守るようにしている。

工房には数十の織機があり、その一部は地面すれすれの高さに、水平に設置されていた。この方法は古くから使われてきたもので、大部分の織工が慣れている方法でもある。この工房には最近になって垂直型の織機も導入され、梁で縦糸を支えるので、こちらのほうがより速く効率的だった。

タメレトとサトムトは、水平型の織機に割り当てられ、そこでふたりは一日中、黙々と縦糸と横糸をうまく操って生地に織り上げ、休憩をとるのは工場で出されるパンとビールの昼食の

布地

エジプトは現在、高品質の木綿で知られるが、古代を通じてこの植物はほとんど利用されていなかった。その代わりに、亜麻が衣服のための主要な繊維であり、ときおり山羊の毛や羊の毛を使った。亜麻から作られる布の質は、一般的で実用的なものから、高価で繊細なものまで幅広かった。古代の亜麻布はミイラを包んだ布として大量に発見されており、また、保存状態のよい衣服が、ツタンカーメン王のもののように比較的荒らされずにすんだ墓のなかに見つかった。木綿が最初に使われるようになったのは19世紀初めで、大量に商業生産され、世界に輸出されて高い評価を得た。

ときだけだった。テーベ地域にやってきたのは比較的最近のことなので、ふたりは最もシンプルで安い亜麻布を織る仕事を割り当てられた。やがて、ふたりに十分な技術があると監督が判断すれば、もっと上等な布を織る作業に昇格させるかもしれない。

亜麻布が織り上がると、工房の別のセクションの工員たちが布を使いやすい大きさに切り、簡単な縫製だけですむシンプルな衣服に仕上げる。最上級の布の一部は別の場所に送られて、上等な衣服に縫製される。姉妹は仕事の不満を口にしたことは一度もなく、報酬として与えられる標準的な食べ物のほかに、一定量が配給される安い布を、市場で他の品物との交換に使うことが認められていた。工房にはほかにも未亡人がいて、彼女たちは姉妹に思いやりを見せ、仕事の助言も与えてくれた。

漁師と牛飼い

川では、ウェニとネフェルが厄介な1日を過ごしていた。まず、野鳥狩りをしていたグループと対決した。彼らが野生のガチョウやカモなどの鳥を捕らえるために沼地に網を投げて、漁のじゃまをしたのだ。わなのひとつがネフェルの舟の舳先に引っ掛かり、狩人がそれを引っ張ったので、彼の小さな舟はパピルスの茂みにあっという間に引きずられていき、舟がひっくり返って、ネフェルは水のなかに放り出された。岸にいた者たちは笑ったが、ネフェルはまったく笑えなかった。おかげでせっかく獲った魚を入れたかごが流されてしまったのだ。

岸まで戻ると、ネフェルは網にかかってばたつくカモを取り出していた男たちに近づいていった。何羽かを棒でなぐって殺し、ほかの鳥はヤシの枝で作ったかごのなかに入れていた。ネフェルは一番近くの男のところへ行くと、地面に押し倒した。そして、死んだカモを2羽つかむと、警告の言葉を投げつけて歩き去った。「流されたかごひとつ分の魚の代わりにもらっていく。鳥を狩るなら、離れたところでやってくれ」

押し倒された男は立ち上がって、やり返そうとしたが、仲間たちが押しとどめた。「おまえ、魚臭いぞ！　いつだって魚臭い！」そう言うのが、男にできる精いっぱいの仕返しだった。

ネフェルはカモの1羽をウェニに渡し、ちょっとしたよい知らせもつけ加えた。「今晩はごちそうだ！　おじさんはぼくたちが魚だけ持ってくると思っているから、渡すのは魚だけでいい。この鳥はぼくたちのものだ！」

午後になって、ふたりが川に釣り糸をたらすと、さらなるトラブルが沼地からやってきた。突然、静かに座っていたウェニの背中に、何かが飛んできて当たった。水のなかをのぞいてみると、それがかろうじて浮かんでいるのが見えた。やはり野鳥狩りで使う投げ棒だ。曲線を描くなめらかな棒で、腕のよい狩人なら1羽か2羽の鳥を打ち落とせ、鳥をショック状態か死ん

投げ棒を手にした貴族が、家族と一緒に沼地での鳥狩りを楽しんでいる。

だ状態で回収できる。その棒がどこから来たのか確かめようと後ろを見渡したウェニは、ウセルがいるのに気づいた。ウセルは金持ちの横柄な監督官で、ウェニたちのパピルスの舟より大きく安定感のある木の舟の上に立っていた。彼が竿で舟を動かし、座っている娘が彼の脚をつかんでバランスをとるのを助けている。ウセルは鳥が多くいる茂みに静かに近づくと、武器の棒を投げつけた。しかし、今回は鳥に当てることができなかった。

監督官は漁師の舟まで近づいてきて、自分の投げ棒が水に浮かび、流されているのを目にした。「すぐに私の棒を取ってこい」と、彼は要求した。明らかに背中を痛めたウェニにはまったく関心を示さない。近くにいたネフェルはその傲慢な態度を受け流せる気分ではなかった。武器のほうまでパドルで漕いでいくと、それをつかんでゆっくりとウセルの舟に近づいた。「釣りをするときにはもっと注意すべきだ！」と、監督官は戒めた。ネフェルは投げ棒を手渡すためにさらに近づいたが、突然、それを思い切り沼地の茂みのほうへと投げ捨てた。もう回収するのがほぼ不可能と思える場所だ。

「自分で取りにいってくださいよ。あなたこそ鳥を狩るときにはもっと注意してください」と、ネフェルは言い返した。彼はそれから自分のパドルを水面にたたきつけて大しぶきをあげ、ウセルと娘を水浸しにすると、背中にあざができているウェニを気遣った。「今晩、あのカモを焼いて食べれば、具合もよくなるさ」

牛飼いのセンナも、運の悪い1日を過ごしていた。その朝、彼は牛の後ろ脚に刺さったアカシアのとげを抜こうとひざまずいているときに、怒り狂った牛に顔面を蹴られた。それははじめてのことではない。センナが話したり食べたりするために口を開けばわかるように、わずかに残っている前歯はほとんど根元だけになっている。牛飼いにとっては仕方のないことだが、これは危険がつきものの仕事であり、これまでに何度も蹴られたり、突かれたり、踏まれたりして、体は傷だらけだった。今回の傷は比較的軽かったが、痛みはあった。

それでも、センナは運がよいと感じた。彼が任されている短角牛の群れは約20頭とそれほど多くなく、角が長い種や巨大な雄牛とは違って、比較的おとなしく、何頭かの牛には親しみのようなものを感じすらした。ほかの牛飼いがもっと大きい牛に角で突かれたり、踏みつけられたりして死んだ話も聞いたことがあるが、彼の牛がひどい事故を引き起こすことはめったになかった。牛は裕福な土地所有者のもので、彼は自分の群れを誇りにしていた。それが同じ階級の者たちに対しても、自分の富と特権を示すものだったからだ。

センナの仕事はとくにむずかしいものではない。毎朝、小さな掘っ立て小屋から敷地にやってきて、群れを確認したあと、放牧地に移動させる。もしちょっとした病気やけがが見つかれば、手当てをし、妊娠した牛がいれば、出産時に彼が子牛を取り上げた。それ以外の普通の日は、牛たちを餌のある草地へと行進させたら、近くに座り、牛たちが行儀よくして、1頭たりとも逃げ出さないようにする。牛たちも毎日の日課を理解しているようで、センナにおとなしく従った。センナは太い棒を使って彼らを誘導する。オーナーは自分の畑の一部を牛のための牧草地として残していたが、センナは必要に応じて群れをどこにでも移動させることができた。

顔面を蹴られたのは、センナにとってその日の唯一のトラブルではなかった。地主の畑の端に座り、強いビールを壺2本分飲んで知らぬ間に眠ってしまい、群れの1頭が草を食（は）みながらゆっくりと離れて、隣の土地に向かっているのに気づかなかった。目覚めたとき、センナは何かがおかしいと感じ、牛の数を数えてみた。１頭足りない。これは許されないことで、厳しい罰を受けるか、最悪では牛を盗んだとして告発されるかもしれない。しかし、近くの隣接する土地に、草を食んでいる別の群れがいた。残念ながら、センナはそこの牛飼いネブセニとは折り合いが悪かった。

雄牛のように力強く

雄牛の強さは非常に称賛され、王を「力強き雄牛」と言及するのもめずらしくなかった。メンフィスでは1頭の雄牛が選ばれ、この町の主神プタハの化身「アピス」として特別に保護された。アピスが死ぬとミイラにして、巨大な石棺に納めて地下の迷宮に埋葬し、崇拝に値する同様に優れた別の雄牛が新たなアピスに選ばれた。1851年、アピス牛の地下墓がサッカラ遺跡で見つかった。古代都市メンフィスに隣接する巨大なネクロポリスである。一般公開されているその墓地の見学は驚くべき経験になるだろう。

センナはネブセニに声をかけて、彼の牛の数を数えてもらった。「これは深刻な問題だ！　牛が1頭増えているようだが、今日連れてきたのが30頭だったか31頭だったか覚えていない。君のはどんな牛だ？」センナはこの冗談を笑えなかった。ネブセニの牛はすべて白に黒いぶちがあった。「見てみよう」と、ネブセニは提案し、ほとんど苦もなく、迷い込んだ牛のところへ行き、その短い角をつかむと、センナのところへ引っ張ってきた。「これが君の牛だろう。私の牛はもっと立派で、もっといい餌を食べているからな」

ネブセニは笑って、自分の牛が何頭かいるところまでセンナを連れていき、ずんぐりした角の根元が黒い丸で囲まれているのを指さした。「君の群れも印をつけるといいよ、センナ。それから仕事中に強いビールを飲みすぎないことだ。さあ、おかしな見かけのやせっぽちの牛を連れていけ。残りの牛たちがもっといい牧草地へ逃げ出さないうちに戻ったほうがいい」

センナは棒を使って、逃げた牛を群れに戻すと、もう一度数を数え、ほかの牛がすべてそこにいることに安心した。地主は何が起きたかを知ることはないだろう。数がすべてそろっていて、特別な機会に殺せるかぎり、知る必要もない。センナは牛を敷地内の柵で囲った場所へ戻した。ここまで連れてくれば、翌日までは安心だ。そして、「ネブセニは正しい」と結論した。牛に印をつけるという点でも、ビールについても、ネブセニは正しかった。しかし、2番目のほうの教訓を守るのは、翌日からにしておこう。ビールで朝のけがの痛みが薄れるかもしれない。

センナが自分の掘っ立て小屋の前に座っていると、同じ地主のもとで働く養蜂係のモシが通りかかった。センナは彼に声をかけ、ビールをすすめた。「センナ、何があったんだ？」と、彼はたずねた。センナは今日あった出来事を語り、養蜂係は同情を込めてこう言った。「若いころは、私も顔をそんなふうに腫らしたものだ。蜂に刺されてね。今では刺されても気にしないし、ひどいことにもならない。いずれにしても、蜂たちは私のことがわかっているようだ。もうめったに刺そうとはしないからね」

モシはセンナのいつもながらの強いビールを何口かすすり、ふたりで小さな壺入りのビールを何本か飲み干してしまう間、牛飼いはその日に迷子になった牛の話をしてすっきりした。「蜂を何匹飼っているんですか？」と、ろれつが回らなくなってきたセンナが言った。「数は数えますか？　ほかの巣に迷い込んだりはしますか？」

しばらく考えてから、モシは彼にできる唯一の答えを言った。「あまりに数が多すぎるし、あまりに動きがすばやくて、数えられないよ。だが、蜜を集めてきてくれる十分な数はいる。ここで待っていてくれ、センナ。すぐに戻る」

養蜂係は暗闇に消えて、数分後に小さな蓋つきの容器を手に戻ってきた。「これを顔や切り傷のある場所に塗り込むといい。医者もわれわれの蜂蜜をたくさん薬に使っている。きっと役に立つだろう。それから、われわれの蜂蜜は国のパン工房や醸造所に運ばれる。蜂と蜂蜜は特別なものだ。よければもっと話して聞かせよう」。モシはその言葉どおり、夜更けまで話を続けた。センナが眠りに落ちてからずっとあとまで。

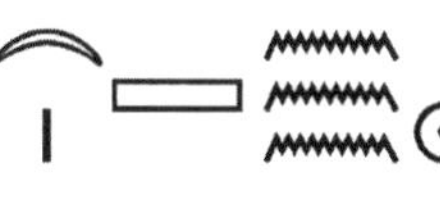

第9章
収穫期　第1の月

ミイラになった王

マフは、山盛りにしたナトロンに深く埋まったアメンホテプの遺体を納めてある、厳重に守られたトレイに近づいた。ミイラ化の作業はようやく終わりに近づいていた。大きな鉢を用意し、体液を吸収して固まった白い物質を慎重にすくい上げ、鉢に移す。王の遺体の大体の形が徐々に現れ、ブラシで丁寧にナトロンを落とすと、細部も見えてきた。マフはこの数十年の間にエジプト人の死者の防腐処理を何千回と行なってきたが、乾燥した王の死体を注意深く調べながら、緊張と畏怖の念を覚えた。鼻の形は崩れていない。手足の爪は完全なまま残っている。髪の毛も、全身と同様に洗浄の必要はあるが、よい状態を保っている。

マフのチームはすばやく行動に移り、皮膚の表面からナトロンをやさしく洗い流すと、香りのよい樹脂で薄く覆った。美しく彫刻された方解石の櫃が1週間前に届いており、防腐処理した4つの臓器をようやく納められる。それぞれ、ナトロンで乾燥させたあとに取り出しておいたものだ。亜麻布で包まれた臓器を4つに仕切られた櫃のなかに納め、守護神をかたどった蓋を正しい組み合わせとなるようにかぶせた。

アメンホテプ自身を包帯で巻く作業もやがて始まる。ティアアと新しい王のトトメス4世が、最上級の亜麻布に包まれる前に遺体を見ておくこともできたが、彼らはそれを望まなかった。乾燥させた遺体が魅力的に見えることはまれで、生きていたころのファラオのカー（魂）が認識できるほどには十分に面影を残しているものの、健康で活動的だったころの王、彫像や記念碑に描かれているような若々しくアスリートだったころの王を記憶に残しておくほうがよいのは間違いない。アメン神の最高神官であるアメンエムハト、宰相のアメンエムオペト、財務監督官のジェフティが、ミイラ化の最終段階のためにやってきて、ジェフティは重武装した護衛の一団と、遺体を飾るための護符や宝石を入れたいくつかの美しい収納箱を抱えた兵士たちを引き連れていた。3人の高官は、乾燥して動かない親友の亡骸を見てわずかにショックを受けたようすだったが、ミイラは見事な仕上がりであると合意した。

この仕事に豊富な経験を持つマフは、ジャッカルの頭の形をした、ミイラ作りの神アヌビスの仮面をかぶった。手足や体の部位ごとに、上等な亜麻布で包むときに唱える伝統的な呪文がある。マフは言いよどむことなくそれぞれを唱えることができた。装飾された棺に入れる前の段階から、アメンホテプの遺体に大量の宝飾品が添えられていく。宰相と財務監督官を除けば、これほどの質と量の宝飾品を見たことがある者は、部屋のなかにはまずいないだろう。手足の指にはこのもろい部分が損なわれないように黄金のキャップがかぶせられ、色ガラスのビーズと磨き上げた宝石でできた見事な襟飾りが、首元に置かれた。布を巻いている間は呪文

カノポス壺

ミイラの防腐処理した臓器を入れる容器のことを、エジプト学者は「カノポス壺」と呼んでいる。その名はエジプトにあったギリシア人の町に由来し、そこでは特別な壺が神として崇められていたといわれる。一般には4つセットで使われることが多く、それぞれに腸、肝臓、胃、肺を入れ、それぞれの臓器を守る人間または動物の姿をした神をかたどった蓋をかぶせる。多くの壺に記された文字は、臓器の持ち主の名前と肩書が刻まれていることが多く、個人を特定する証拠がほかにないときにはとくに役立つ。

新王国時代の監督官のカノポス壺、紀元前1427 ～ 1400ごろ。もともと臓器を包んでいた亜麻布が壺の内側にまだ残っている。

の朗唱が続き、体の部位それぞれに適した護符も一緒に巻かれた。全身を包み終わると、純金のマスクがミイラの頭部に置かれ、その輝かしい容貌は権威と充足を投影していた。

厳重に警備された別の一団が、明らかに重そうな、厚い布の下に隠されたものを持ってテントに入ってきた。そっと下に置き、布を外すと驚くほど美しい棺が現れた。金張りの表面は揺らめく明かりのなかで輝きを放っている。製造の責任者だった職人のイネニが脇に立ち、称賛を受けるか、どこかに修正を求められるかを待ち構えていた。誰もが沈黙を保っていたが、静かに驚嘆のため息を漏らした。アメンエムオペトが進み出て、見事な仕事をしたイネニをねぎらった。

これで、あとは遺体を棺に納めるだけとなり、分厚く布で包まれたミイラがなかに無事に収まることが最大の願いだった。棺の蓋が慎重に外され、不安と期待が入り混じるなか、何枚かの亜麻布を敷いた上にアメンホテプの遺体をいったん注意深く置き、それから精巧な棺の上に持ち上げ、ゆっくりと、細心の注意を払い、棺のなかに下ろした。隙間がほとんどないくらい棺のサイズは完璧で、イネニは安堵のため息をついた。

最後に高価な香油の入った石の瓶をいくつか持ってきて、アメンホテプの遺体の上に注ぐと、棺の金張りの蓋が戻され、ピンを穴にはめて、ふたつをしっかりと固定した。ミイラ化は完了し、遺体が棺に納められ、乾燥させた臓器を入れた櫃、亜麻布と使用済みのナトロンを入れた大きな壺とともに王宮内に運ばれた。数日後には、埋葬地となる南の「偉大なる地」への旅を始める。

「死者の書」の委託

アメンエムオペトは忙しい数か月を過ごしてきた。逝去した神王の最終的な埋葬の責任者である彼は、墓を間に合うように完成させ、葬儀が適切に執り行なわれるようにしなければならなかった。すべての出来事が宰相に内省の機会を与え、彼自身にもやがてやってくる予想できない死について考えさせた。今の健康状態を考えれば、その日がいつ来てもおかしくはない。最近、自分自身の墓の礼拝堂を訪ねたことも、気をもませる一因となっていた。自分の墓の完成も、彼が成し遂げなければならないことのひとつだった。王の葬儀の手配のためにテーベに着くと、彼は特定の種類の文書を専門にする地元の書記を呼び出した。ヌーというその書記は、「死者の書」を書くことに熟練していた。これは、死者が冥界への危険な旅を乗り越え、そこで受ける審判で無事に永遠の楽園に行けるように導く葬祭文書である。

ヌーはすぐに訪問者が宰相だと気づき、彼の不安に耳を傾けた。「それでは、あなたはじきに死を迎えるかもしれないので、死者の書を望んでおられるのですね」と、書記は要約した。「費用はかかりますが、目的を果たすのに役立つでしょう。これまで失敗したことはありません」

「この男はなぜそこまでわかるのだろう」と、アメンエムオペトは内心思ったが、何であれ、彼が心配しているのは自分自身のことだけだった。

「私が書きましょう。あなたのために特別に書くものです。あなたの名前を正しい場所に記し、審判の間にいるあなたの姿を本物のように描きます。1か月から2か月かかりますが、ほかのどこでも手に入らない最高のものに仕上げますよ」

「死者の書」、より正確には「日のもとに現れるための書」は、ほとんどの人にとっては高価

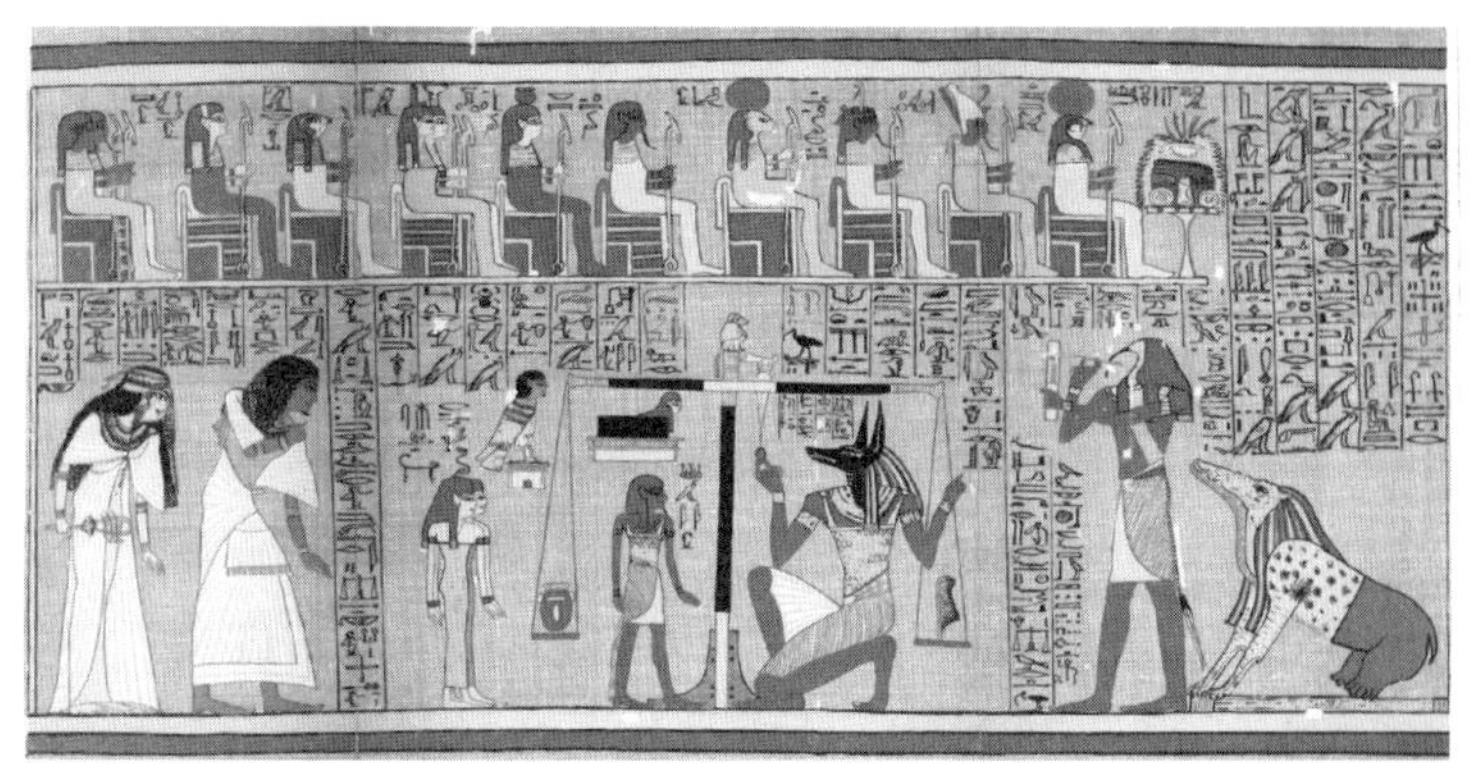

「死者の書」の挿絵。死者の心臓が真実の羽根（マアト）と天秤にかけられる。トキの頭のトト神が記録をとり、獰猛な獣のアメミトが、失敗した者の心臓を食べようと待ち構えている。

すぎる贅沢品で手に入らないものだったが、国の最高位の役人であれば、間違いなくどんなに高い額を支払ってでもそれだけの価値があると納得できるものだった。長いパピルスの巻き物に書かれるその書は、死者と一緒に埋葬され、必要なときに冥界で導いてくれる。数十の章で構成され、魔物や悪神を撃退する呪文や、厳格な最後の審判をどう乗り越えるかの助言を与える。審判の間では、冥界の神であるオシリス神が玉座に座り、妹のイシスとネフティス女神が脇に控える。その前に立つアメンエムオペトは42柱の神々から質問される。まだ生きているころの振る舞いについて尋問されるのだ。嘘はついたか？　ものを盗んだか？　呪いの言葉を口にしたか？　誰かが腹をすかせる原因をつくったか？　邪悪な人間と親しくしたか？　口論をしかけたか？　痛みを与えたか？　神殿から供物や神殿に属する何かを盗んだか？「死者の書」はすべての質問に「いいえ」と答えるように助言する。

審判の一連の手続きのなかで最も重要なパートは、死者の心臓と、「マアト」（真理と善の象徴）の羽根を天秤にかけ、死者の価値を判断するところだ。そばにペンを手にしたトト神が立って記録をとり、アメミトが審判の結果を待ち構えている。アメミトは獰猛な幻獣で、ワニの頭にチーターの上半身、カバの下半身を持つ。死者の心臓がマアトと釣り合わなければ、その心臓はただちにアメミトに飲み込まれ、死者は究極の罰、すなわち永遠に存在が消えるという罰を与えられる。しかし、釣り合いが保たれれば、永遠の楽園に入ることができる。

「それで、費用はどれくらいになるのかね？」と、宰相はたずねた。

「通常は健康な牛2頭、輸入ワインを大きな壺5つ、新鮮なナツメヤシをかご1杯、ぶちの牛の皮で作った足載せ台をひとつです」

「それなら用意できると思う。すぐに始めてくれないか」

アメンエムオペトの次の仕事は、墓職人の村を訪ねることで、監督官のベニアとともに馬車でこのプロジェクトの責任者カーに会いに行き、アメンホテプの王墓の状況を視察することにした。そこで、特別な巻き物を持参した神殿図書室の代表と落ち合う予定だ。村から「偉大なる地」までの歩みはゆっくりと骨の折れるもので、断崖の上まで登る間に宰相は何度か立ち止まって息を整えなければならず、谷へ下る道では、ふたりの作業員に両腕を抱えてもらった。そこから反対側の断崖まではほんの短い距離で、断崖のふもとに長方形の暗い入口が開いているのが見えた。カーはきっちりと垂直に掘ってある近くの立坑を指さした。「アメンエムオペト、そこがあなたのための場所です」と、彼は説明した。「アアケペルウラー・アメンホテプ王が約束されたとおりです。あなたの礼拝堂は貴族の墓地に残りますが、あなたはこの下の墓

死後の世界への導き

古王国時代の王にだけ使用された「ピラミッド・テキスト」、その後の中王国時代の富裕層の棺のいくつかに刻まれているのが見つかった「コフィン・テキスト」がもとになっている「死者の書」は、新王国時代にその費用をまかなえる層の人々に人気が出た。巻き物状のパピルスに記されたこの書は、多いものでは186もの章から成る。通常は特定の個人のために書かれるもので、その人物を描いた挿絵を含むものもある。長い年月を経て発見された多くの書が、古代エジプト人の死後の世界への旅を垣間見せてくれる。

室に埋葬されることになります。なんと名誉なことでしょう！」宰相は暗い穴を少しの間見つめ、顔を輝かせた。この名誉を考えると誇らしさで身が震える。一行はさらに先へ進み、両側に白い石灰岩のかけらが積み上げられた道を通って王墓の入口に向かった。そこで、3人の絵師とふたりの作業監督が彼らを出迎え、墓自体は完成したが、まだ装飾が終わっていないと報告した。

神殿の図書室からの巻き物が、大きく平らな岩の上に広げられ、埋葬室の壁に書かれる呪文の言葉が明らかになった。それらは「アムドゥアト（冥界の書）」に属するもので、ラー神と逝去した王が、夜の12時間をかけて天空を横切り、朝に再生するまでの旅の詳細を物語る。途中で多くの神々とこの世のものではない存在に遭遇し、障害を乗り越え、蛇の姿をした残忍な敵アポピスを打ち破る。この書の文章に挿絵を加え、アメンホテプの父であるトトメス3世の墓とは違って、6本ある埋葬室の柱にも、王がさまざまな神や女神とともにいる姿が描かれる。

アメンエムオペトはすべての作業が本当に順調に進んでいるかどうか確認すると言い張り、墓室がきちんと掘り出されているか、埋葬室の壁がほぼ完成に近づいて、白い漆喰を塗る準備が整っているかを調べた。宰相は満足し、それを言葉にして、さらにこう加えた。「すべての準備を整えるまであとほんの数週間しか残っていない。文字と挿絵はパピルスに載っているとおり、正確に写さなければならない！」

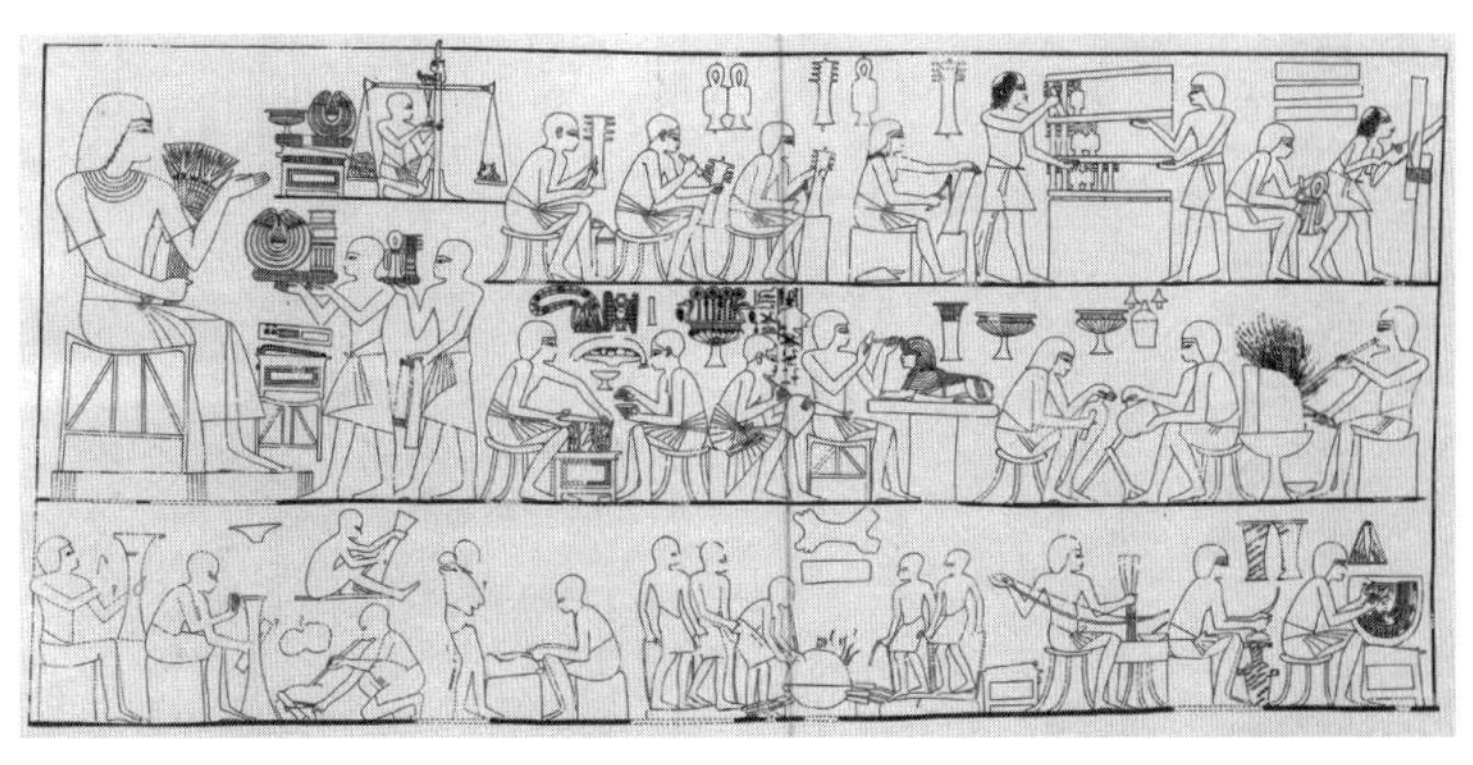

金張りの厨子などの副葬品は王家の工房で製作された。

日程が迫っている王の葬儀の準備としてもうひとつ、重要な作業が残っていた。「棺と副葬品を運搬するための道が必要になる。ベニア、古い砂漠の小道を補修して、谷の入口まで通すのだ。断崖越えで反対側からすべてを運ぶわけにはいかないだろう」。その小道は渓谷沿いに長く続く、それほど険しくはない道で、低地の平原からテーベの丘陵地帯につながっていた。トトメス3世の葬儀以来、ほとんど使われておらず、拡張して修復する必要があった。

「すべて、取り計らいます」と、ベニアは約束した。

谷の入口には十分な広さの小道が今も残っていて、そこに訪問者を次の目的地へ運ぶためのロバが待機していた。最近完成したアメンホテプの葬祭殿だ。下りの小道の突き当たりまで行くと、新しい建築物が遠くからでも目に入り、漆喰塗りの白い壁がまばゆいばかりに輝いていた。大部分が泥煉瓦造りに石をアクセントにしたもので、塔門から入ると柱廊のある中庭に通じている。宰相はその出来栄えに感銘を受けた。大神官アメンエムハトからは、毎日の供物が途切れることなく捧げられるように神官の当番を組んでいるところだ、と報告を受けている。

訪ねるべき場所はあと少しで、そのなかには王の葬儀に使う道具を保管している倉庫と、その製造に責任を持つ工房もあった。王のための副葬品の家具の多くはすでに一般の工房で製造されたか、王宮から運んでくることができたが、特別な宗教的、あるいは葬儀に関連した品の多くは、厳重に守られた神殿の倉庫に保管してあった。アメンエムオペトはすべてが順調に進み、テーベまでのミイラの旅が始められるとわかり満足した。

メンフィスでは、金張りの巨大な厨子が頑丈な木製のそりの上に備えつけられ、王の棺を載せる準備が整った。これよりもっと小さいそりも、臓器を入れた櫃のために用意された。船長のイプはアメンホテプのお気に入りだった船、巨大な「アアケペルウラーはふたつの国の建設者」号の装備に忙しかった。ミイラを王族の選ばれた数人と少数の随行者とともにテーベまで運ぶために、この船を使うのだ。甲板上には乗客のための広々としたキャビンがあり、水上に浮かぶ宮殿であるかのように快適なしつらいにした。ホルス神をかたどった大きな黄金の頭部が上向きに反った船首に載せられ、船尾は磨き上げられ、船の不具合のある部分はすべて修復された。

すべての準備が整うと、それ以上遅らせる必要はなかった。アメンホテプの棺がそのそりの上の光輝く厨子に納められ、王宮の中庭で葬列が組織された。メンフィスの神殿の大神官が行進を先導し、数十人の下位の神官がそれに続く。その何人かは香を手にして周囲によい香りを漂わせ、神々の姿を描いた旗を手にしている者もいた。2頭の大きな雄牛が引く棺のそりが次に続き、その後ろが臓器の櫃を載せたそりで、こちらは牛1頭が引いた。いつもは陽気な女性神官たちの大きな一団が厳粛で悲しげな面持ちで現れ、悲しみの歌を歌い、さらには嘆きを大げさに表現するプロの「泣き女」たちが列を成し、その後ろに馬車に乗ったトトメスと母ティアアを先頭にした王族、高位の役人たちが続いた。命令が下されると、宮殿の門が開き、葬列の行進が始まった。

港までは長い道のりではなかったが、沿道には数千人が集まり、この壮大な行進に心を揺さぶられ、泣き女たちの嘆きに涙ながらの叫びを加えた。葬列が進む光景は圧倒的で、群衆のなかにいた何人かはそれを見て気を失った。桟橋に船が待ち構え、乗組員が船長イプとともに厳粛な面持ちでタラップに立っている。どよめきが続き、そりが雄牛から外され、何人かのたくましい船員が大きな金色の厨子を甲板まで運び上げ、そこにゆっくりと下ろしてしっかり固定した。

王族や高官が船に乗り込む間も、桟橋では嘆きの声と号泣が続いた。数十人の船員がオールの横につくと、イプが船をナイル川に漕ぎ出すように命じ、上流への航行のために大きな帆を揚げさせた。すぐに風が帆を膨らませ、メンフィスの町の城壁がしだいに遠ざかっていった。

この船旅は、途中の大きな町や、トト神を崇拝するヘルモポリス、オシリス信仰の中心地であるアビドスなど宗教的に重要な土地のいくつかへの短時間の立ち寄りも含めて、早ければ1週間と数日でテーベに到着する見込みだった。旅の間、甲高い声で嘆くことに秀でたふたりの女性が船首近くの台座に立って、ルート上の住民の注意を喚起し、船上の鼓手の一団も同様に大きな音を鳴らした。こちらは漕ぎ手にリズムを与える効果もあった。砂州や障害物のために操舵には注意が必要なので、イプ船長は夜の航行を好まなかった。めったにない、あまりに重要な荷を載せていることを考えれば、事故も間違いもあってはならない。船は毎晩、いかりを下ろすか船着場に係留し、身分の高い乗客たちは快適に眠る一方、乗組員は甲板で眠り、朝になるとすぐにオール漕ぎを再開できるようにした。

王の葬儀

ムトゥイはそれまでの人生を、着実に成長を続けるテーベ近郊の村で過ごしてきた。幼いころは通りで遊び、母親から家事全般を教わった。夫のバキともこの村で出会い、両親の勧めで

15歳のときに結婚した。両親も同じ村の出身だった。村祭りに参加していたときに知り合ったムトゥイとバキは、お互いに魅力を感じた。まだ若い娘だったムトゥイは、少し年上の、がっしりした体格の農夫に好印象を受けた。バキのほうはムトゥイを美しい娘だと思い、彼女の思わせぶりで機知に富んだ言葉に魅了された。

結婚して6年たち、これまで4人の子が生まれたが、生き残ったのはふたりだけで、今は3歳と4歳になった。バキはもっと男の子が欲しいと思っていた。やがて自分が年老いたときに畑仕事を手伝ってくれる働き手が欲しかったのだ。彼もムトゥイも、きっとこれからまだ何人かの子どもに恵まれるだろうと信じていた。

毎日の生活はかなり型にはまったもので、ムトゥイは家事に忙しかったが、必ずしも耐え難いものではなかった。毎朝、夜明け前に起きて、家族がパンと最初の食事がとれるように用意する。その後、1日の残りの時間は子どもの世話に追われ、必要であれば縫物をしたり、次の食事の用意をしたり、小さな庭の手入れをしたりした。庭は長方形の盛り土をした苗床を、低い泥煉瓦の壁で囲んだものだ。家の裏にあるその庭では、玉ねぎ、ラディッシュ、レタスがよく育ち、バキが定期的に壺に入れた水をまいて管理した。野菜と、収穫期にたっぷり実る主要穀物があるおかげで、家族は基本的には自給自足で、余った穀物と野菜は他の必要なものと交換するためにも使えた。

ある日、ムトゥイは川まで下りていって、10人ほどの村の女性たちと一緒に、家族の衣服を洗濯し、平らでなめらかな岩の上で泥や染みをたたいて落としていた。それは1日のうちでもお気に入りの時間で、ニュースやうわさ話を交換して楽しみが尽きなかった。小さな子どもたちが近くで遊び、女性たち全員でそれを見守り、ときおり子どもたちに川の水から離れているように注意をした。ナイル川の流れも、水のなかにいる生き物も、甘く見てはいけなかったからだ。

その日、女性たちで会話を楽しんでいると、不思議なリズムの音が遠くから聞こえてきた。それに合わせて甲高い叫び声のようなものも聞こえる。一瞬ごとに音は大きくなり、数分後には、帆を揚げ、漕ぎ手が懸命に漕いでいる小さな王家の船が現れた。鼓手たちが川岸にいるすべての者に注意を促している。その船のあとに、巨大な王家の葬儀船が現れた。甲板の厨子が輝いている。村人のほとんどが川岸に駆けつけ、巨大な船がテーベの王族専用の船着場へ向かうのを見守った。自分たちが何を目にしているのかを村人たちが気づくにつれ、ナイルの岸辺に打ち寄せる大波のように、嘆きの叫びは大きくなっていった。

ムトゥイは驚き、予想もしていなかった感情に圧倒された。すぐにバキもやってきた。バキはときおり前王について嫌味な発言をしていたが、この船の行進に同じように圧倒されていた。農夫であるバキはこれまでの生涯を、よくも悪くも、上下エジプトの統治者、アアケペルウラー・アメンホテプのもとで経験してきた。彼は自分が涙ぐんでいることに驚きすらした。川岸に立っている村人の多くが嘆きの叫びに加わり、何人かの女性は悲嘆のあまり自分の髪を引っ張り、砂を空に向かって投げつけた。輝きを放つ船は王宮前の船着場に係留した。逝去したファラオの体はこの翌日に彼の最後となる旅を始める予定だった。

ラー神が東の地平線にわずかに姿を現したころ、アメンエムオペトはテーベの神聖なアメン神殿の中庭に立ち、メンフィスで少し前に実施したのとほぼ同じ構成だが、規模ははるかに大きい行進の手はずを整えた。段取りはずっと複雑だった。王の船を受け入れる適切な場所を西岸に準備しなければならず、参列者たち自身も対岸に着いたら、再びグループ分けしなければならない。王の葬儀のための道具はすべて、この大切な日のために整えられ、墓所も王を受け入れる準備が整っていた。

船からそりを降ろし、力強い雄牛たちにつなぐと、招待された数百人のエリートたちが配置につき、厳粛な、しかし騒々しい葬列の行進が始まった。率いるのはアメン神殿の大神官アメンエムハトで、幅を広げてならした道に、槍を手にした兵士たちが並んだ。以前と同じように、トトメスは彼の馬車に乗り、横にティアアが座った。最初に止まったのは完成したばかりのアメンホテプの葬祭殿で、そりが中庭まで引かれてきた。新たに任命された神殿の神官たちが列を成し、最近になって作曲された王に敬意を示す讃美歌を歌い、指示されたとおりの供物を捧げた。

王墓に埋められる予定の副葬品は神殿内部にすでにまとめてあり、この短い立ち寄り後に、その時点まで参列していた者の多くが行進から離れた。聖なる谷への旅と王の埋葬に参列するのは、ほんのひと握りの特権階級だけで、アメンエムオペトの助言を受けて、トトメスと母ティアアが選び出した。これらの選ばれた少数の者たちに、特別に選ばれた神官と世話人たち、そして、王墓に納める品々を運ぶために選ばれた、最も信頼できる労働者たちが随行した。

再び、宰相が葬列を整え、トトメスを先頭に、王族、大神官、選ばれた少数の者たちが続いた。厨子を載せたそりが次に、さらに荷物を運ぶ者たちの長い列がつき従った。多くは墓職人の村からやってきた男たちで、彼らがアメンホテプとともに王墓に埋葬される数百の品を運ぶ手はずだった。間に混在するのは、選りすぐりの専門の泣き女たちで、悲しみを大げさに表現する。最初にテーベの丘陵のふもとに沿った道を進み、そこから左に曲がって険しい上り坂に入り、最後は緩やかな上りの道を進んで聖なる谷に入る。

ほんの1時間ほどの道のりだが、大部分の者にとっては、これが谷を訪れるはじめての機会だった。太陽が頭上に輝き、ピラミッド型の山を見ると感動せずにはいられない。アメンエムオペトは前へ進み出て、ベニアとあいさつを交わした。彼は宰相に準備は万端だと言って安心させ、トトメスが馬車を下りて父親の墓への道を先導してやってくるのを見ると、すばやく脇へ下がった。新たな王は宰相に、この特別な祭礼で労働者たちに求める儀礼は、一度だけ短く地面に鼻をつけるおじぎでよい、と指示を与えた。やるべきことはたくさんあるので、予想される過剰なこびへつらいは必要ないと判断したのである。

厨子を載せたそりを引く雄牛が王墓の入口の幅広いアプローチに誘導された。その後、綱を外された牛たちは、脇へ引かれてそれぞれの運命を待つ。副葬品を運んできた者たちは、大きな厨子が開かれる間、座って静かにしているように言われ、黄金の棺が取り出されて垂直に立てて置かれた。そこからはアメンエムハトが引き継ぎ、葬儀の指揮を執った。それは多くの点で、エリート層の葬儀のときのものと似ていたが、亡くなった神王の埋葬にふさわしいものに変えてあった。朗唱神官が台本を読み、神官と女性祭司の少人数の聖歌隊がそれを繰り返し歌う。「口開き」の儀式が行なわれ、ついにアメンホテプを地下の埋葬室で待つ石棺に納めるときがやってきた。

棺は力強い運び手たちに担ぎ上げられ、彼らはトトメス、アメンエムオペト、アメンエムハトに続いて地下深くに下りていった。通路の明かりは薄暗かったが、ゆっくりとであれば支障なく進め、小石だらけの立坑を過ぎ、柱2本の小さな部屋を抜けると、一行は王の亡骸を待つ埋葬室に到着した。宰相は感銘を受けた。絵師たちが壁と柱に計画どおりに絵を描き、「アムドゥアト」の文言と挿絵は、巨大なパピルスの巻紙を開いてこの部屋の壁に貼ったかのように、まったく同じものに見えた。

アメンホテプの棺がゆっくりと大きな石棺のなかに下ろされた。人型棺の顔が天井を見つめている。天井には夜空のような濃紺の背景に黄金の星がちりばめられていた。アメンエムハトは葬儀用の香油の壺いくつかを亡くなった王のための最後の塗油として求めた。ねっとりした液体を注ぎながら、小声で祈りを唱えると、アメンエムハトにふたりの神官が加わり、前へ進み出て棺の上に花輪を置いた。それを合図に、トトメスをはじめとする参列者は埋葬室を後にし、地上の出口へと向かった。

外では、そりを引いてきた雄牛がすでに屠(ほふ)られ、饗宴の準備が始まっていた。牛を焼いている間に、椅子を置き、エジプトの最上級の食べ物を載せたマットが並べられた。まだ朝ではあったが、見事な花飾りを首にかけた参列者たちは、徐々に祭りのようになっていく雰囲気を楽しんだ。その後方で、労働者たちは埋葬室に隣接する付属室に納める副葬品を運ぶのに忙しかった。ひとつの部屋には食べ物と飲み物が、別の部屋には神々の像や宗教的に重要な品が、また別の部屋にはファラオの死後の生活にふさわしいもの、たとえば彼に仕えようとやる気十分な、精巧なつくりの使用人の像数十体などが置かれた。第4の部屋にはすでに数年前にウェベンセヌ王子が埋葬されていた。そりから降ろされた厨子は解体されて内部に運ばれ、墓を閉じる前に大きな石棺の周りに設置される。小さいほうの、臓器の入ったカノポス櫃を載せていたそりも下ろされ、石棺のそばに置かれる。

葬儀の参列者たちが十分に満足したころ、トトメスがもう一度だけ父親の棺を見たいと言い出した。母ティアアの腕をとり、ふたりで地下の堂々たる埋葬室に下りていった。沈黙に圧倒されそうになる。王妃は涙をこらえ、黄金の棺の顔の、宝石がはめ込まれた目を見つめた。香油を注いだためにつやつやと光っている。自分の花輪を外して、それをほかの花輪に加えると、彼女は背を向けた。「息子よ、私たち、またいつの日か、彼に会えますよね?」と、彼女はたずねた。トトメスは答えなかった。アメンホテプは少なくとも地上の王国からは姿を消してしまい、新しい王にはなすべき急を要する仕事が山のようにあった。

王墓のなかの装飾された柱の1本には、ハトホル神の前に立つアメンホテプ王が描かれている。

谷の入口には、悲しみながらもたらふく食べた参列者たちをテーベまで送り届けるための馬車が待っていた。地下では、石棺の信じられないほど重い石の蓋がてこを使ってかぶせられ、そりから降ろした黄金の厨子がそれを取り囲むように立てられた。その後、石の壁がすばやく立てかけられて墓所の下のほうの部分を封鎖した。何人かの労働者が白い漆喰の入った皿を持って前に出て、すぐに壁を完全になめらかにし、まるで墓そのものがそこで終わっているかのように仕上げた。外では多くの運び手と他の労働者が残った食べ物をむさぼっていた。村まで帰るのはうんざりする道のりだったが、少なくとも空腹は満たされ、ほんのわずかな者しか目撃できない出来事に参加できたことに満足していた。

それからの数日で、立坑から見苦しいがれきが取り除かれ、墓所への入口は封鎖され漆喰で塗り固められた。ベニアとカーはアメンエムオペトの前で、湿った漆喰に王墓の紋章とアアケペルウラー・アメンホテプのカルトゥーシュを刻印し、偉大な戦士だったファラオを永遠に守ってくれるように最後の仕上げをした。

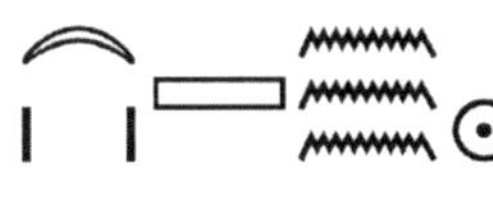

第10章 収穫期 第2の月

新たな支配者

トトメスはメンフィスの王宮の寝室で、美しい黒檀の椅子に座っていた。その椅子は、彼の父親の名前が黄金の箔や貴重な素材で細工された道具のうち、まだ残る数少ないもののひとつのようだった。多くはアメンホテプの王墓に埋葬されたが、それでもまだそれなりの数のものが残っており、新しい王はエジプトを本当に自分のものにするときがきたと結論した。その月の初め、彼はアメンエムオペトを呼び、前王の葬儀が終わったので、彼の宰相としての任務を解くと告げた。トトメス自身の統治体制を整えるためには、多くの役人とともに新しい高官も必要になる。

アメンエムオペトは前からこのうわさを耳にしていたので、驚きはしなかった。実際のところ、ほっとした。偉大な宰相はトトメスが生まれたときからその成長を見守ってきた。まだ子どもにしか思えない相手に助言する仕事には関心がなかった。たとえそれが亡くなった親友の子であったとしても。「何か助言が必要なときは、お知らせください」。アメンエムオペトはそう言い置いて、部屋を辞した。健康状態が悪化し、もうそれほど長くは生きられそうもなかったが、少なくともとてつもない重責を担う職務からは解放されて、別荘で贅沢な隠居生活を送ることができるだろう。宰相としての職務は十分に果たしたと思い、彼は満足していた。実際に、彼の仕事を引き継ぐには、ひとりでは足りないだろう。

エジプトの統治は一筋縄ではいかない。冒険に明け暮れる毎日から、世の中の秩序を維持する仕事への移行は、トトメスを怖気づかせるほどの変化だった。アメンエムオペトを解任した今、トトメスはふたりの新しい宰相、プタハヘテプとヘプを任命し、上エジプトと下エジプトをそれぞれに任せた。さらには、父親の統治期間もそうだったように、「クシュの副王」も必要になるだろう。これは、南側で敵対する隣国ヌビアとの関係に責任を持つ役職である。古くからの高官も何人かは残すが、多くは入れ替えをし、新たな人材を加える。神なる王は自分のもとで働く行政官を自由に選ぶことができるのだ。

トトメスはプタハヘテプを自分の部屋に呼んだ。「ここはもう私の王宮だ。新しい家具、新しいタペストリー、新しい祭礼具、新しい馬車が欲しい。すべてに私の王としてのカルトゥーシュが入ったものを。父の船も新しい名前にしたい。これからは『メンケペルウラーはふたつの国の建設者』号としよう。それから、エジプトで最も優れた石工をすぐに呼ぶように」「ただちに取り掛かります」と、新しい宰相は承知し、部屋を出た。

数日後、石工のアネンがやってきて、プタハヘテプに迎えられた。「陛下はおまえに非常に重要な仕事を任せようとしている。大きな石碑（ステラ）だ。最近砂から掘り出されたギザの大スフィンクスの前脚の間に立てても、目立つくらい大きなものにする。おまえは指示されたとおりの文字を正確に刻み、最高のやり方でそれを行なわなければならない」。アネンは何枚かのパピルスを貼り合わせて短い巻き物にしたものを見た。文言の多くは複雑だったが、彼の能力をもってすれば間違いなく可能なレベルだった。

石碑の文言は、トトメス、彼の母、大神官アメンエムハト、ふたりの新宰相から成る少人数の会議で、注意深く話し合われた。それはティアアの考えだった。文字通り石に文字を刻み、エジプトの最も堂々たる記念碑の前に立てることで、トトメスの王位継承の正当性についての疑いを払拭することが期待できる。彼の名前と称号のいくつかが目を引き、語られるべきストーリーを誰もが認めるだろう。

アメンエムハトが会議の進行役となり、大きな石碑に彫るべき文面を要約した。トトメスに向かって、彼はこう言った。「まず、あなたが本当に神々から王位と力を与えられたという、ホレマケトの宣言から始めます。あなたが神々に愛される若者であり、父親と同じように、真のアスリートであると記します。ところどころで、『王冠の輝き』、『力強き雄牛』、『アトゥム神のごとく不変の王位』など多くの威厳ある称号であなたを呼び、神々とあなた自身のお互いへの称賛が続きます。しかし、最も重要なパートは、あなたの偉大な祖先たちが眠る、あの非常に聖なる場所で、あなたが見た神聖な夢の物語になるでしょう。それを短くまとめてみます」

「それはある日、王子トトメスがギザ台地を旅していた昼ごろのこと。彼はスフィンクスの影に腰を下ろし、太陽が最も高くなる時間に眠りに落ちた。偉大なるホレマケト神が眠っている王子に話しかける。まるで父親が息子に話しかけるように。『わが息子、トトメスよ、私を見なさい！　私はおまえの父、おまえに地上の王位を与え、すべての者の生活を任せる。おまえは上下エジプトの赤と白の王冠をかぶるだろう。この土地すべてがおまえのものとなる。その維持がおまえの手にゆだねられる。外国の土地からのすべての朝貢品はおまえのものであり、おまえは長年にわたり、生きて統治を続けるだろう』」

「それから、修復についてのパートです」と、アメンエムハトが続けた。「ホレマケト神は砂に埋もれた自分の偉大な記念碑の悲惨な状態について語り、注意を求めた。『私はおまえがやってきて、私の息子、そして私を守る者として、必要なことをしてくれるのを待っていた。私はおまえの導き手なのだ』」

「この計画はどれくらいかかるのだ？」と、王はたずねた。

「石工のアネンは、5か月かかると申しております」と、宰相は説明した。「石灰石、砂岩、花崗岩から選ぶことができ、私は花崗岩を選びました。ほかの石より細工に時間がかかるとしても、永遠に残すべきものですから」

夢の石碑

トトメス4世の立派な花崗岩の石碑は、今もギザのカフラー王の大スフィンクスの前脚の間に残り、「夢の碑文」と呼ばれている。重い花崗岩で作られ、高さ3・6メートル、重さは15トンある。情報が刻まれた文章の大部分は読むことができるが、下のほうの一部は崩壊してしまっている。体の周りから砂を取り除く古代の努力にもかかわらず、大スフィンクスはおそらく建造されてからの年月の大部分を、首まで砂で覆われた状態で過ごしてきた。最後に大規模な砂の除去が始まったのは1926年で、考古学者たちの手で実施された。それ以来、スフィンクスの研究は進み、保存管理が行き届き、観光客の人気を集めている。

「すぐに計画を始めよ」と、トトメスが命じた。「今日からちょうど5か月後に完成させ、スフィンクスの前脚の間に設置するのだ」

漁師が愛の詩を作る

また新たな美しい1日が始まった川岸で、漁師たちが仕事の準備を始めた。ウェニとネフェルはそれぞれの小舟で川へ繰り出し、一緒に網をかける。もしかしたら、大きな水しぶきをあげて姿を現す大物を銛で射止められるかもしれない。しかし、水に入る段になると、ウェニはいつもと違って動きが鈍く、2艘の小さな舟の間に網を投げるときには、何度かミスをした。

「具合でも悪いのか?」と、ネフェルがたずねた。「なんだか気もそぞろじゃないか」

「ああ、ネフェル!」ウェニは答えた。「恋わずらいだよ。織り子のタメレトのこと以外、何も考えられない。魚のことすら考えられない。彼女、すごくきれいだ。ぼくの妻になってほしい!」

ふたりは仕事を始めたが、息が合っていないのは明らかで、小さなパーチばかりの網を何度か引き上げたあと、ネフェルは我慢できなくなり、ひとりで川岸から糸で釣ることにした。

「ネフェル、いい考えがある!」ウェニが叫んだ。「彼女に美しい詩を書くことにする。ぼくの

現在のギザの大スフィンクス。前脚の間に「夢の碑文」が見える。

気持ちを伝えるんだ。きっと心を動かしてくれるだろう。もう頭のなかで作り始めているところだ」

タメレト、ぼくは君のことを魚より愛している
友だちのネフェルより、君をすばらしいと思う
君の巻き毛はぼくたちの網を思い出させる
君の体は極上のティラピアより美しい
ぼくの君への愛は大きなかご5つをいっぱいにする

「この詩を彼女の家の前に置いておく。そうしたら、彼女が見つけて、ぼくのことを探してくれるだろう」

「ちょっと問題があるんじゃないかな」と、ネフェルが言い出した。「釣りにからめた話ばかりで、彼女の心が動くとは思わない。それより大事なのは、君は読み書きできないし、彼女だってきっとそうだ」

数分ばかり考え込んだあと、ウェニはよいアイデアを思いついた。「ネフェル、いい考えがある。書記に相談するよ。牛飼いのセンナが何人か知っているはずだ。彼の息子の結婚式を覚

えているだろう？　書記がふたりやってきた。センナのところに今日、パーチを何匹か持っていって、お願いしてみるよ」

その日の仕事が終わると、ウェニはひもに吊るした魚を2匹、背中からぶら下げて、野原の端まで駆け上がった。センナはちょうど牛たちを連れて放牧地から戻ったところだった。ウェニが近づき、状況を伝えると、センナは少しばかり考えをめぐらせた。「魚2匹じゃ、ちょっと足りないな。あとでもう少し持ってきな。そうしたら私にできることをしてやろう」。ウェニは牛飼いに礼を言い、期待に胸を膨らませて家に帰った。

そのわずか2日後、ウェニは町外れで見知らぬ男が彼を待っていると伝えられた。それは、若い書記のダギだった。ミンナクトに同行して結婚の祝宴に参加した書記だ。「愛の詩を書くのに助けが必要なようだね」

「そう、そうなんです、書記さん。ぼくの愛をエジプトで最も美しい女性に伝えるための詩です。彼女が読んだら、ぼくと結婚したくなるような詩です」

「彼女は字が読めるのかい？」と、予想どおりの質問が返ってきた。

「わからない」と、ウェニは答えた。「でも、彼女のお姉さんならきっと読めると思います」。ダギは疑わしく思ったが、上司のミンナクトからここに送られたので、質問は少ないほうがよいと判断した。

ふたりは道路沿いの倒れたナツメヤシの木の幹に座り、ウェニが自分の考えた詩を朗唱した。「タメレト、ぼくは君のことを魚より愛している。友だちのネフェルより、君をすばらしいと思う……」

ダギはウェニの朗唱をそこで止めた。「とてもいいね、ウェニ。でも、もっとよくできると思う。こういうのはどうかな」

愛しいタメレト
君の姿を見ると、ぼくはビールなしでも胸が高鳴る
沼地の鳥が美しい声でさえずるのを聞くと
君の声かと思ってしまう
川にいると、上等な亜麻布の服を着た君が沐浴（もくよく）する姿を探したくなる
君のためのタオルを手に、川岸で待ちながら
君が歩き過ぎると、花々がわずかに頭をかしげて、君に摘まれることを願う
君のやわらかなかぐわしい髪を飾りたいと思って
市場に行けば、君が現れるより先に、ぼくの心は君の甘い香りを見つけだす
美しい人よ、ぼくの生涯最大の願いは、ぼくの愛を君が分かち合ってくれること

そして、ふたりで長く幸せな日々を過ごすこと

ぼく、ウェニはちっぽけな漁師だが、君を女王のように大切にするよ

「ウェニ、どうだい？」書記がたずねた。

「すばらしい！　さっそく今日の午後、彼女の家の前に置きにいきます」

「さあ、ダギ、この魚の入ったかごを受け取ってください。ぼくにはこれしかあげるものがないんです。センナにあなたの家に届けてもらうように頼んでおきます。彼はロバを持っているから」

「それはいい！　彼にはロバがある。君には詩がある。そして、ぼくは魚をもらう。みんなが満足だ。君の愛が実ることを祈っているよ、ウェニ」。そう言うと、書記は筆記道具をしまって、足早に歩き去った。

その午後、ウェニはパピルスの紙を巻き、注意深くひもで結ぶと、未亡人姉妹の住む家の戸の前に置いた。姉妹が織物工房の仕事を終えて戻ってきたら、間違いなくそれを見つけるだろう。実際にふたりはそのパピルスを見つけた。その小さな巻き物をもう少しで踏んでしまいそうになったが、タメレトが足元にあるそれに気づいた。注意深く紙を広げると、姉妹は誰が送ったものだろう、何が書かれているのだろう、といぶかった。下エジプトの故郷の村からの

手紙だろうか？　家族に何かあったのだろうか？　ふたりとも不安なまま夜を過ごし、翌日、工房の親切な監督にメッセージを読んでもらった。「愛しいタメレト……」彼はくすぐったくなるような文面を読み上げながら、微笑んだ。

谷の祭り

第10の月の最初の満月の日は、多くの人々が毎年楽しみにしている行事の日だが、とくにこの日を歓迎していたのは「ふたつの国」のエリートたちだった。「谷の祭り」と呼ばれるこの祭日の間、テーベの神々がナイル川の西岸に渡り、エジプトの王たちの葬祭殿を訪れる。オペト祭と同様に、アメン、ムト、コンスの神々の彫像を納めた厨子がそれぞれの神殿から舟に載せられ、たくましい神官たちが肩に担いで運び、熱烈な随行団があとに従う。

カルナック神殿で、大神官アメンエムハトが再び集まった神官たちに指示を与えた。背の高さと体格が似通った者が選び出されていた。アメン神の舟はもちろん、決して落としてはならず、ほかのふたつの舟も同じだった。オペト祭と同様に、この祭りも特別な準備が必要だった。聖舟を川まで運び、そのために準備された大きな船に乗せる。対岸に着くと、運河をさかのぼって神殿近くまで行き、そこからは神官たちが再び肩に担ぎ、陸上の目的地まで運ぶ。

2日ほど続く祭りの間は、行事がぎっしりと詰め込まれている。出発前にカルナックで行なわれる儀式とは別に、西岸のいくつかの場所に立ち寄り、かつての王たちの葬祭殿を訪れる。トトメス3世や最近逝去したアメンホテプ2世の神殿も含まれる。それぞれの神殿に属する神官たちは準備に数週間をかける。彼らにとってこの祭りは1年で最も重要な行事だった。

親類をエリート向けの墓地に埋葬できるだけの資産を持つ者は、故人の墓の礼拝堂を訪ね、供物や花を捧げ、ごちそうで祝う。エジプトの神殿の最高神官である新王のトトメスも積極的に参加し、少なくともさまざまな場所を訪ねて好意による儀式を執り行なうだろう。

全員が配置につくと、早朝から祭りが始まり、壮大なアメン神殿から厳重に警備されたトトメスが先頭に立って金ぴかの馬車で船着場までの短い距離を進む。その後ろに、いつもながらの聖歌隊、楽師、踊り子たちの一団を伴って、厨子を載せた舟が続く。ハトホル神殿の女性神官マアトカも、その一団のなかにいた。全員が川を渡る短い旅のために舟に乗ると、にぎやかさが増し、陽気な観衆に迎えられた。

マアトカは彼女の女神に10年以上仕えてきた。おもに祭りに参加して、そこで女神を敬う歌や踊りを捧げるのが仕事だ。彼女が敬愛するハトホル神はラー神の娘で、さまざまな姿で現れ、よく描かれているように、母性を象徴する雌牛の姿になることもあれば、エジプトで最も凶暴とされるセクメト女神に変わりもした。雌ライオンの姿で描かれるセクメトの怒りの行動は、すばやく残酷だ。彼女の凶暴さがよくわかる物語は、マアトカもよく知っているものだ。

人間の行動を見て父のラー神がどれほど失望したかを目にしたハトホルは、セクメトの姿になって殺戮を行ない、手当たり次第に人間を殺した。ラー神は愕然とし、その殺戮を終わらせるためのトリックを仕組んだ。血のように見える赤いビールの大きな池を作って、セクメトを引き寄せたのだ。彼女はそれを飲んで酔っ払って眠ってしまい、目が覚めたときにはすっかりよい気分になっていた。彼女が酔っ払いの女神でもあることも不思議ではない。もちろん、マアトカはその目的のための特別な行事、毎年開かれるテク祭（酩酊祭）にも参加した。酒の女神としてのハトホルを敬うための祭りである。大量のビールとワインが消費され、普段は禁じられている行動も、女神との一種の親交として許容される。マアトカはこの年に一度のはめを外せる機会を以前は楽しみにしていたが、そのあとの二日酔いやら何やらがつらく感じるようになり、だんだん興味が薄れてきた。

ハトホルの野性的な側面への関心は薄れたものの、マアトカはまだ、祭りの間に踊ることをとても楽しみにしていた。ハトホルの顔をかたどった金属でできた楽器、シストルムを手に持って鳴らすのは格別で、特別に作ったビーズのネックレスをわずかに揺らすこととともに、女神を喜ばせるといわれた。これまで女神に仕えてきた年月を考えれば、マアトカはもう、派手な前方宙返りや後方宙返りなど、厨子を載せた舟を運ぶ行進やその他の祭りの間に期待される、激しい動きをするのはむずかしくなった。その代わりに、彼女はハトホル神にふさわしい魅力的な巫女になりたいと夢見る、数十人の若い女性たちの指南役を務めている。必要条件となる体の柔軟性やリズム感、人を引きつける個性や大量のアルコールを消費する能力を誰もが持っているわけではなく、それを持つ者はハトホル神殿で一定の尊敬とかなりの厚遇を期待できた。マアトカは自分のスキルを使って谷の祭りの大行進に貢献できるよう最善を尽くし、途中の立ち寄り先ではできるかぎりたくさん飲み食いして、後輩たちにもそうするように促した。

宰相を引退したアメンエムオペトも、長い官僚生活の間に谷の祭りには何度も参加してきたが、今回は特別だった。彼は生涯の友アメンホテプに捧げられた神殿を訪れただけでなく、亡くなった兄センネフェルにも、墓地の立派な礼拝堂の中庭で敬意を表した。親しい友人や親類が大勢参加した、屋外での宴会はすばらしかった。近くの宰相レクミラの墓での宴会も同じように豪華で、大勢の人が集まり、にぎやかな雰囲気だった。

しかし、彼を相変わらず不安にさせているのは、まだ完成していない自分の墓のことだ。最後に訪れてからほとんど作業が進んでいない。しかし、もう仕事は引退したので、これから数か月、おそらく数年先まで、この作業に集中することができる。客の誰ひとりとして気づいていないようだったが、アメンエムオペトにとって、この宴は記憶するなかで最も満足できるものだった。

トトメスが王墓の造営を命じる

谷の祭りの1週間後、労働監督官のベニアが王宮に呼ばれた。プタハヘテプとともに待っていたトトメス王が、特別なプロジェクトについて説明した。王家の谷の彼の王墓の建造にただちに取り掛かるのだ。現場で作業監督を務めることになるカーがその翌日3人に加わり、聖なる谷の具体的な場所と墓の全体的なレイアウトを話し合うことになっている。アメンホテプの最近の葬儀のあと、「偉大なる地」へ続く道の状態はまだよく、馬車での旅は比較的楽だった。谷は静かで、職人たちの姿もなかった。カーと彼に同行した書記がそこに座り、ファラオと少数の側近が到着するのを待っていた。

ようやくトトメスが到着すると、カーは決まりどおりに、ひざまずいて鼻を地面につけた。プタハヘテプに目くばせし、新王は彼の権威を示すために、普通より少しだけ長くカーをそのままの姿勢に保たせてから立ち上がらせた。「ここに来たのは、私の永遠の家の建造を始めるためだ」と、彼は必要のない説明をした。

「仰せのとおり、すぐに取り掛かります」と、カーが答えた。「この特別な谷の見事な石灰岩からすばらしい墓を掘り出し、王様の聖なるお体の永遠の休息地として立派な石棺の建造を円滑に進めます。墓所への入口として完璧な場所も存じております」

カーはトトメスと随行者を谷の垂直に切り立つ崖のひとつに沿った場所へ案内した。アメンホテプ2世の王墓からそう遠くない場所だ。トトメスは不満そうだった。「わが父は生前、偉大な人物だった。私は生きている間も死んでからも、父とつねに比べられるだろう。私の墓は父の墓から離れた場所にしたい！」トトメスはそう言い張った。カーはその主張を予想しており、一行を谷の反対側の断崖へと案内した。職人村から続く道からそれほど離れていない、便利なエリアだ。静かで穏やかな場所で、ときおり頭上を飛ぶ鳥の羽音が自然の沈黙を破るだけだった。

「ここはとても気持ちのよい場所だ。私の墓はここにする」と、ファラオは命じた。「父のものと似た形で、しかし、それより大きくするのだ。とくに6本柱のある父の埋葬室と、4方向に隣接する付属室が気に入った。不満だったのは石棺の大きさだ。長生きした偉大な統治者の石棺としては小さすぎるように思えた。私の棺は同じ種類の珪岩がよいが、もっと大きくしてほしい。もっと偉大な王の遺体を納められるくらい大きなものだ」

カーは王になったばかりの人物のあつかましさに少しばかりあっけにとられたが、そうしたことに疑いを呈する身分ではなかった。彼の仕事は提案し、王の指示どおりのものを提供することだ。「ご要望どおりにいたします」と、作業監督は答えた。

トトメス4世の王墓

現在、KV43（「王家の谷の43号墓」）として知られるトトメス4世の王墓は、父であるアメンホテプ2世の墓（KV35）と非常によく似ているが、いくつかの面でもっと大きい。興味深いことに、装飾された壁はわずかで、埋葬室の壁はいっさい装飾されていない。珪石の棺は実際に巨大で、長さ3メートル、幅1・5メートル、高さ1・8メートルを超える。墓所の壁のひとつの非公式の碑文は、墓所の入口が封鎖されてわずか70年後くらいに盗掘され、当時のファラオによって「回復」されたことが記されている。1903年にハワード・カーターが発見したとき、墓は古代の盗掘者に2度目の墓荒らしを受けていたが、まだ多くの興味深い副葬品が残っていた。

「ただちに開始せよ」。トトメスは去り際にこう言い残した。「いつ死が訪れるかわからぬのだから」

訪問者の一団が去ってしまうと、カーは少し身震いした。これほど軽蔑的な扱いを受けたことはこれまでなかった。さらに悪いことに、王家の墓職人の村の住民に、歓迎されざるニュースを伝えなければならない。アメンホテプ王の埋葬後の束の間の休息は終わり、新しい仕事が始まるということを。墓所の入口を大まかに掘り出す作業は、翌日に開始する。そこからの計画は、アメンホテプ王のときと同じものになるだろうが、規模が少しだけ大きくなる。そして、周囲の状況に応じて調整も必要になるだろう。

巨大な石棺も大掛かりな作業になりそうだった。最高の石が採れる場所から一枚岩の状態で切り出す必要があるが、その場所は船で南に数日かかるところにある。成形し、なかをくり抜き、仕上げるまで、数か月もかかる作業だ。でき上がった石棺は何トンもの重さになる。棺に合わせる蓋も同様に大きく、重く、かなりの労力が求められる。職人村に戻ると、カーは新しいプロジェクトを発表し、不平の言葉をすばやくはねつけ、職人たちに彼らの仕事は王墓の建設であって、それは王家によって支えられている仕事なのだと思い出させた。これよりきつく、条件の悪い仕事はたくさんあるし、文句が多い者には、いくらでも代わりを務める者がいるということも。

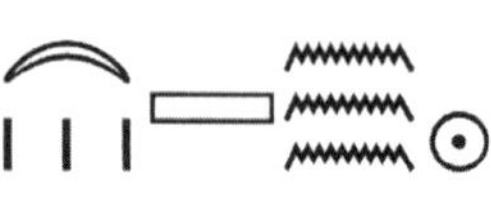

収穫期　第3の月

第11章

指揮官と捕虜たち

ヘプが下エジプトの新しい宰相となって1か月ほど経ったある日、彼はメンフィスの王宮に向かった。長年、多くの行政職に就いてきたが、「ふたつの国」の半分を任されるのは恐れ多く、課題はつねに山積していた。この日は間違いなく興味深い1日になりそうだった。カナンから連行されてきた数百人の捕虜の運命が決まるのだ。大部分は囚人と同じように過酷な労働に割り振られるのが普通なので、宰相の責任は重かった。「彼らはエジプト人ではない」。ヘプは自分にそう言い聞かせてごまかそうとした。「何人かは積極的に反乱に参加したのだから、生きているだけでも運がよいのだ」

王宮の外壁に着き、なかの部屋に入る許可を得ると、ヘプは窓から外を眺めているトトメスに近づいた。

「陛下、本日はいくつかご報告と、大きな決定を下すべき案件がございます」

新しい王は、これまでの自由気ままな、比較的のんきな生活はもうほとんど戻ってこないのだと理解し始めていた。

「すべては順調ですが、憎むべきカナン人を乗せた船が昨日到着し、陛下のご判断を待っております」

「その者たちの姿を見せよ」と、トトメスは命じた。

ヘプはほんのひととき部屋を出て、助手に何事かをささやいて戻ってきた。「陛下、中庭をご覧ください」。中庭に、あごひげを生やした捕虜たちが120人ずつ3列に分かれ、縄でつながれた状態で入ってきた。ひじを背中に回され、首は前に傾けられている。ときおり脇を歩く兵士にむち打たれながら、すべての捕虜が王の視界に入る位置まで移動した。

「顔を地面まで下げよ！」と、指揮官が命じた。捕虜全員が煉瓦で舗装された地面にひざまずき、鼻を地面につけた。腕で支えることができないため、体重がのしかかる。「目は閉じたままでいろ！」とさらなる命令が飛び、容赦ないむち打ちが続いた。

まだ窓辺にいたトトメスは、いくぶんこの状況に飽きたように見えた。「あれで全部か？　父が生きていたころに、数千人もの捕虜を見たことがある」

「これから、もっと多くを連れてきます」と、ヘプは約束した。「毎年、カナンの町へ遠征して、われわれが手にすべきものを回収し、抵抗する者を罰することにします。騒ぎを起こす者を、その土地の最も美しい女たちとともに連れてまいりましょう。彼らをどう処分すべきか、何かお考えはありますか？　東方砂漠の金鉱と花崗岩の石切り場で、最近ひどい事故がありました。おそらくそこに何人かを割り当てることができるでしょう。まもなく始まる陛下の葬祭殿の建設にも、人手を加えてよいかもしれません」

トトメスが答えるまで、ほんの数秒しかかからなかった。「あの害虫どもをどうしようと私はかまわない。私の視界から消し去れ。私にはもっと大事な仕事がある。しかし、魅力的な女がいたら、風呂に入れて身支度を整えさせたあとで、連れてくるように」

「お望みのとおりにいたします」と、宰相は承諾したが、こう続けた。「しかし、まだお見せしたいものがございます」。ヘプが手を振って捕虜たちを追い払う仕草をすると、彼らはすぐに立ち上がり、すばやく連れ去られた。入れ替わりで、何組かの巨体の男たちがひどく重そうなかごの取っ手を持ってよたよたと歩いてきた。あごひげを生やし、ウールのチュニックを着た彼らは明らかにカナン人で、前方と上方には顔を向けないように命じられ、持ってきた荷物を、彼らの前に敷かれた長い上質のマットの上に並べた。それは金や宝石などの財宝と、降伏した東方の国から新たに運ばれてきた品だった。

貴重で輝くもの

金は比較的希少であること、輝きと美しい色、その可鍛性のために、多くの社会で貴重なものとして扱われ、数え切れない用途に使われる。古代エジプト人はこの金属を「神々の肉体」と呼び、彼らにとってはより希少だった銀のことを「神々の骨」と呼んだ。これらの大事にされた金属のほかに、カーネリアン、アマゾナイト、ラピスラズリ、ガーネット、アメジスト、ターコイズなどの宝石が、洗練された宝飾品を作るために重んじられた。エジプト人が金の価値と量を重視したことは、第18王朝のツタンカーメン王のほぼ無傷で発掘された王墓の副葬品に示されている。内部には金張りの品が多数見つかり、3重になった棺の一番内側のものは純金製で、重さは110キロを超えていた。

「これはすばらしい」と、ファラオは認めた。「よい気分だ。金を溶かし、はめ込まれた宝石はすべて回収せよ。母のために立派なネックレスが欲しい」。宝石はすぐにかごのなかに戻され、運んできた者たちは退去した。

「さて」と、ヘプは改まった声で言った。「陛下のために特別なものがございます」。宰相が入口の守衛にあらかじめ決めておいた合図を送ると、王宮の正面の扉が開き、数十頭の美しく整えられた馬たちが革の馬具とダチョウの羽根の頭飾りをつけて、後ろ脚を跳ね上げながら入ってきた。対になって馬車を引いている馬もいて、トトメスは興奮を抑えられなかった。ヘプを窓際に残し、王は柄にもなく中庭まで駆け下り、立派な馬たちを称えた。トトメスが愛するものがひとつあるとすれば、それは馬だった。そして、東方から連れてきたこの馬たちは驚くほど美しかった。

王は馬の間をまわって1頭1頭を丹念に調べ、称賛の言葉を述べると、すべて王宮の厩舎に歓迎する、と上機嫌で宣言した。「金と馬は」と、王はヘプに向かって叫んだ。「カナンにある数少ない逸品だ!」

トトメスから捕虜の処遇についての決定を任されたヘプは、指揮官たちと相談した。彼らの何人かは特定の捕虜を個人的に知っていた。なかには驚くほど協力的な者もいたが、激しい抵抗を示したにもかかわらず、なぜか処刑を免れてエジプトまでやってきた者もいた。「最悪の者たちは金鉱へ送ろう」と、宰相は結論した。「もし砂漠の過酷な労働環境で奴らがおとなしくならず、反発するようなら、食べ物と飲み物を与えなければ素直に応じるだろう。一緒に働くずる賢いエジプト人の犯罪者たちも、彼らを警戒させるはずだ」

たいていの仕事はそうだが、エジプト国内で最も過酷な仕事のひとつにも、多くの人手が必要だった。つねに100万個単位の需要がある煉瓦作りである。この仕事は一日中、川岸の泥のなかを転げまわり、季節によっては強い日差しを浴びながら働かなければならない。泥に農作地から集めた麦わらを混ぜ、長方形の型に押し込み、日干しする。その後、煉瓦を肩に担いだ棒の前後に吊るしたかごに入れて、あるいは運がよければロバに載せて、必要とされる場所まで運搬する。

これは非常に過酷な仕事だったが、泥のなかにいる者たちは、エジプトの言葉とは異なる、お互いに通じる外国語で話ができるだけでなく、親類関係にあるか、共通の知人がいるとわかるかもしれない。東方のどの地域の出身であろうと、彼らはひとつの特性を共有していた。エジプト人が話す単語やフレーズ、たとえば、「ひざまずく」「おじぎする」「下を向く」「急ぐ」「だまる」「すばやく」「食べる」などの言葉をすぐに覚えられたことだ。ヘプは、大部分の者はテーベに送るのがよいだろうと決めた。現在のファラオの葬祭殿建設のための煉瓦製造の仕事に割り振ればいい。

煉瓦作りは、古代エジプトで最も過酷な仕事のひとつだった。

捕虜たちにとって、南のテーベまで向かう船旅は、メンフィスまでの旅と同じくらい、不快なものになる。昼も夜も甲板に密着状態でとどめられ、逃亡を試みても、おそらくは溺れ死んで終わる。監視役の兵士に逆らうような態度を見せれば、容赦なく強烈なパンチを食らうか、ナイフで突き刺されるだろう。テーベに着いたあとは、混雑した宿舎に閉じ込められ、マットの上で窮屈に眠る以外にほとんどスペースがない。彼らはパンとビールを与えられるが、労働時間は長く、作業監督から侮辱的な言葉を浴び、けがや疲れのために死亡する確率も高い。

話し方がエジプト人と違って、言葉に強いなまりがあったり、ナイル川の地理に関する知識に欠けていたりすると、外国人と気づかれずに逃亡することはほぼ不可能だった。逃亡者は連れ戻されて、見せしめとして厳しい罰を与えられ、おそらく煉瓦作りが楽な仕事と思えるような重労働の現場に送られる。

牛飼いと陶工

テーベでは、牛飼いのセンナが最もお気に入りの時間を過ごそうとしていた。ときおり、地主が数日留守にするときに、牛たちを牧草地に連れていく代わりに囲いのなかに入れ、そのときのために集めておいた餌を与える。すべての準備が整うと、彼は友人で陶工のロイと落ち合い、パンとビールを製造している地元の国営工房へと向かう。パンとビールは数え切れない人たちの報酬や食料として必要になるため、規模の大きな事業ではあったが、工房自体はそれほど複雑な構造ではなかった。

強いビールやほかのアルコール飲料に目がないという点で共通しているロイとセンナは、数年前に地元の祭りで知り合った。はめを外して飲みすぎたふたりは、そのまま意識を失い、翌朝になってから、誰の土地かもわからない野菜畑で同時に目覚め、隣り合って眠っていたことに気づいた。この経験で絆(きずな)を深めたふたりは、それ以来、親友同士になった。

パンとビール工房に着くと、センナとロイは共通の知人であるネフェルヘベトに迎えられた。彼はなんとなく、ふたりの友人がその日現れるだろうと予想していた。ネフェルヘベトはこの工房の総務監督で、製品の質と量の両方が最良とまではいかなくても許容範囲であるようにするのが仕事だった。「ストローは持ってきたかい?」と、彼はたずねた。ふたりの訪問者は腰布に突っ込んでいた、長くて空洞のある葦の茎を出してみせた。工房ツアーが始まった。「まずはパン工房から始めよう! ここに穀物倉がある」。ネフェルヘベトは指さした。「空っぽになることはめったにない。われらが国王と豊かな収穫をお恵みくださる神々のおかげ、それから君たちの税金のおかげでね。ぼくたちは年がら年中、休むことなく、一日中パンを焼いている。小麦か大麦から作るパンはどれもおいしく、健康にもいい」

それほど離れていない場所で、数十人の女性たちが麦をすりつぶして粉にしていた。それを水と混ぜて、やわらかなパン生地にまとめている者たちもいる。数十はある大きな円錐形の窯は、不思議なことに陶器を焼く窯によく似ていて、その窯がいくつかの形のパンを焼き上げていた。円錐形の型に入れて焼くものもあれば、型には入れず、丸い塊のまま膨らませるものもある。窯から出したばかりの焼き立てのパンは、とてもおいしく、間違いなく数日間は食べられそうだった。

ネフェルヘベトは正しかった。パンは新鮮で長持ちする。地域に広く配布することもできる。エジプトのどの土地でも、同様の施設で同じようにパンが焼ける。祭りのような特別な行事では、蜂蜜かナツメヤシで少し甘くすると、特別なごちそうになる。ネフェルヘベトはそうした特別なパンを友人たちのためにとっておくことにしていた。センナとロイは、味見をねだる必要はなかった。頼まなくてもネフェルヘベトがいつも用意してくれるからだ。しかし、工房ツアーの次のパートこそが彼らのお気に入りだった。

焼き立てのパンをたらふく食べた彼らが次にやってきたのは、醸造所だ。ロイはとくに醸造所を訪ねて、施設内を見てまわるのが好きだった。あたり一面に自分の手で作ったものがある。じっくり眺めると、ひとつひとつを区別できるような気がした。長年、彼はこの醸造所からの注文で、ビール用の壺を数え切れないほど作ってきた。彼にとってビール壺は子どものようなものだ。一度、その親密な感情をセンナに伝えるという間違いを犯した。センナは大笑いしたのだ。

ものすごい数の壺が部屋の壁際に並んでいた。ナイル川から引いた水が濾され、それぞれの容器に注がれる。その後、パン生地の塊が投入される。それが発酵を促し、数日で軽いアルコール分の醸造酒ができる。ビールは、ナイル川の水を汚染しているどんな有害微生物も殺すに十分なほど強かったが、国のプロジェクトのために働く者たちの効率を損なうほどの強さではなかった。高品質のビールには滋養が多いが、退屈を紛らわし、わずかに麻痺させる効果もある。

ロイもセンナも、自分のストローを取り出した。ネフェルヘベトがよく心得ている合図だ。ここからは日常が特別な時間に切り替わり、祭りなどの特別な行事のために蓄えられている、あるいは裕福な者たちが普段から楽しんでいるようなビールを味見するのだ。その製造に携わる者たちは、こうした特別なビールを味見させる代わりに、見返りを期待した。ネフェルヘベトはロイから、自分の友人と親類を喜ばせるための特注の陶器をもらうことになっている。センナからは、牛肉が手に入ったときに分けてもらう。

ネフェルヘベトは友人ふたりを忙しい製造エリアから見えない、大きな部屋へ案内した。一方の脇にあるベンチに、立派な服を着た役人がふたり座っていた。どちらも、ひざの間に壺を抱え、長いストローを口に差して、満足げに微笑んでいる。ロイは片方が自分の知る人物だと気づいた。陶器工房の監督だ。しかし、彼は周りで何が起ころうと、それを記憶しているような状態ではなさそうだった。

ネフェルヘベトはロイの不安に気づき、何も心配することはないと安心させ、隅にある特別な壺のところに案内した。そして、上部の泥の栓をこじ開け、自信たっぷりに宣言した。「これは君たちがこれまで味わってきたなかで最上のビールだ」。このビールはひとつかみの大麦のパンを混ぜ、ナツメヤシ、蜂蜜、コリアンダー、クローブでかすかな風味を加えていた。最適と思われる日数をかけたブレンドと発酵のあと、パンのかすやほかの残留物を取り除くために

鎌を使った穀物の収穫作業。

ろ過し、なめらかで強い酒にする。

ロイもセンナも長いストローを壺に突き刺して味見し、ネフェルヘベトの評価に同意した。これは格別な出来のビールだ。ネフェルヘベトも何口かすすった。まもなく、3人はすっかり楽しい気分になり、センナは宇宙のすべてのものを愛していると宣言した。そのころには、ロイの監督は笑顔のまま床に倒れ込んでいた。おそらく目覚めたときには周囲の状況を理解できないだろう。今日が何日かも覚えていないだろう。ロイは安全だ！

工房からそれほど遠くない場所で、バキは穀物の収穫に取り掛かっていた。数日かかる作業だ。今年は彼の懸命な努力の甲斐あって、小麦と大麦はよく実り、親類を何人か雇って収穫作業を手伝ってもらうことにした。まず、茎のてっぺん近くにある穂を、木の柄にフリント石の刃をつけた鎌で切り落とす。それをかごに集めて、自宅に隣接した脱穀用の床の上に広げ、ロバ2頭ほどに踏ませる。これで殻が外れたら、麦をシャベルやくわですくい上げ、殻が風に吹かれて飛び散るようにする。麦はその後集められ、残っている麦わらや小石を取り除くために最初のふるいにかけられ、最終的に穀物倉に保管されてそれから1年使用する。

バキの家族を支えるには十分な収穫量があり、その多くは年間を通して、さまざまな品物やサービスと交換し、国の税金として納める。もちろん、一部は収穫を手伝ってくれた親類に分けられ、耕作地に残っている、穂のない乾いた茎のほうを欲しがる村人たちもいる。麦わらの用途はたくさんあり、煉瓦作り用、火をおこすときの燃料、動物の餌などになる。ロバを貸してくれたセンナにもいくらかあげるつもりだ。センナはやがてくる特別な日に、それを自分の群れに餌として与えるだろう。

ヌビア人

支配下に置いた東方の土地からの捕虜や献上品を受け取ってまもなく、トトメスはテーベのすばらしく贅沢な宮殿で法廷を開くために、豪華な船で出航した。神殿建設計画を頭に思い浮かべる一方で、エジプトが征服したもうひとつの地域、ヌビアからやってくる品物の陳列も楽しみだった。船旅は数日かかる。トトメスは必要にかられてナイル川を何度も行き来するよりも、個人的には陸上での活動を好んだ。たとえ、これほど美しく快適な王専用の船であっても、である。

しかし、今回宮殿に到着すると、いつも以上に歓迎の準備が整っていた。最上級の木材、象牙、黄金で作られた新しい家具が到着し、すべてにメンケペルウラー・トトメスの名が彫刻されたりはめ込まれたりしていた。王室の工房は忙しく稼働し、職人たちは最善を尽くすように指示されていた。エジプトには「森」とみなされるものはなかったものの、使用できる良質の木材はたくさんある。アカシアとタマリスクは、エジプトイチジクと同様に一般的だったが、最上級の木材となると外国産のものだった。スギはとくに好ましいが、地中海東部の敵対的な国から輸入しなければならない。丘陵から丸太を引きずって海岸まで運び、それから船の後ろにつないでナイル川まで運んでくる。大きな王家の船はこの上質の材木で建造され、厚板や木製の建具は、銅製ののこぎりとのみで成形した。南部にも黒檀という貴重な木材があることを、王はまもなく知ることになる。

プタハヘテプは王を大仰に出迎えた。注目すべきニュースを伝えたかったが、少なくとも今回はあまり多くはなかった。しかし、ヌビアからの使節が新しいファラオに敬意を表するための貢ぎ物を携えて待っていた。近ごろメンフィスで経験したカナンからの品と同様に、トトメスはまだ父が存命だったころに、南からの宝物が並べられているのを何度か目にしたことがあった。

　実際のところ、トトメスは自分が最も嫌っているのがどの民族なのかが確かではなかった。カナン人や東方の国の人々、あるいは南のヌビア人か。しかし、黄金と馬はいつでも歓迎で、ヌビア人はときおり驚くべき品を持ってくることで知られていた。休息をとり簡素な頭飾りを着けると、トトメスは謁見の間の新しい玉座に腰を下ろした。そこから外の中庭をすべて見渡せる。ふたりの扇係が主人を涼めようと待ち構えていた。決まりどおりに書記たちが脚を組み、頭を下げ、短剣と槍を手にした数十人の兵士たちも同じ姿勢をとった。部屋中に香の煙が漂い、謁見で威厳を示す舞台は整った。

　プタハヘテプがすぐに近づいてきて、手順を伝えた。「陛下、ヌビアの族長が数名ここにきております。捕虜ではありません。陛下に敬意を表するために自ら貢ぎ物を持ってやってきました」

「近くに呼べ」と、王は指示した。宮殿の見事な扉が開き、6人ほどの男たちが羽根を刺した頭飾りを着け、色鮮やかな布を腰に巻いた姿で入ってきた。幅の広いビーズの襟飾りと黄金の護符、鼻輪が、はっきりと彼らの富と権力を示していた。族長たちは何をすべきかよくわかっていて、床にひざをつき、宰相から立ち上がるように促されるのを待った。

金やキリンなどの献上品を捧げるヌビア人。

プタハヘテプはトトメスに向かい、彼らの目的を説明した。「族長たちはエジプトと南部の国との関係が敵対的ではなく友好的であることを望み、新王を祝福したいと願っております」「彼らは何を持ってきたのだ?」王は苛立ちを見せて言った。宰相は族長たちに手振りで合図した。彼らが自分たちの言語で何か叫ぶと、50人ほどの黒い肌の運び手たちが続々と中庭に入ってきて、運んできた品物をファラオの前に広げ、また後ろを向くと次の品を持って戻ってきた。指示されたとおり、彼らは命令されないかぎり、王と目を合わせないようにしていた。

最初の者たちは、数十の非常に高級な重い黒檀の木材を運んできて、部屋の脇に積み重ねた。次には40人ほどの男たちが、肩の上でバランスをとりながら象牙を運んできて山積みにした。王室づきの職人たちは間違いなく称賛するだろう。象牙はカバの歯からとるものよりはるかに良質だった。次には数十枚のチーターの皮が運ばれた。大きな危険を冒して手に

ヌビア

ヌビアは古代エジプトの南の国境、現在のアスワン近くから、現在のスーダンのハルツームあたりまで広がっていた国で、多くの部族が暮らし、いくつかの高度な文明が発達した。エジプトが南の国境を制御し、希少あるいは貴重な品物や原料を手に入れようとしたため、この地域の人々との関係はしばしば敵対的になった。新王国時代に続く、エジプト学者が「第3中間期」と呼ぶ時代に、エジプトはヌビアの王たちにおよそ90年間支配された。エジプトほど研究者の関心を引きはしなかったが、考古学研究における古代ヌビアへの注目は高まっており、「ヌビア学」という専門分野も生まれた。

入れたことは間違いない。さらに、香を入れた多くのかごも続いた。

その場にいた何人かは、リズミカルな太鼓の大きな音が聞こえ始めて、びっくりした。4人のヌビアの男たちが、ヒョウの皮で覆った太鼓をたたきながら進んでくる。アンクレットしか身に着けていない6人ほどの若い女性が、リズムに合わせて回ったりスキップしたりしている。この短いパフォーマンスに、プタハヘテプはことのほか感銘を受けたようだった。「彼らには王宮内に快適な滞在場所を用意しましょう」と、彼は約束した。

予想どおり、しばらくすると異国の動物も運ばれてきて、ヌビアの族長たちはこの点でも失望させなかった。何対かのダチョウがひもにつながれて運び込まれ、羽をばたつかせ、彼らの前で繰り広げられる奇妙な光景に興味を示したかのように、あちこちに頭を向けた。ダチョウはその大きな羽や卵のために珍重され、死んだときには、その肉もめったにないごちそうになった。赤ん坊の象が1頭、小さなキリン1頭が次にやってきて、トトメスは子どものころにはこれらの動物にあまり興味を示さなかったが、青年になった今は、どれも非実用的でたいした役には立たないと結論した。彼の祖父、トトメス3世は自前の動物園を持っていたが、そこにいた動物はずっと前に死んでしまい、新しい王には別の関心事があった。

ファラオはこれらの献上品にも十分に満足したが、プタハヘテプのほうに身を寄せ、じれったそうに質問をした。「黄金はどこだ?」その答えはすぐにやってきた。金属を入れた大きなかごがいくつか運ばれてきて、王の前に広げられた。その多くは破片か塊状にしたものだ。トトメスは笑みを浮かべて立ち上がった。「プタハヘテプ、族長たちに私が彼らの贈り物に感謝していると伝えよ。もっと多くを持って再び訪問してくれれば歓迎する。彼らと彼らの人民が、エジプトによる支配を敬い、ヌビアでエジプト人と出会ったときには、今日ここでわれわれが彼らにしているように、丁重に扱うことを期待する」。プタハヘテプは通訳にそのメッセージを伝え、通訳が族長たちに伝えた。彼らは部屋から立ち去るトトメスを、再びひざまずいて見送った。

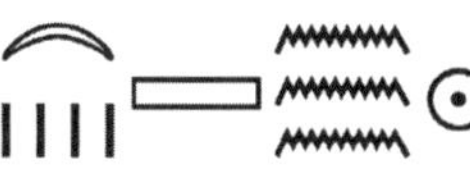

第12章

収穫期　第4の月

徴税、会計士、戴冠式

メンフィスの王宮は活気づいていた。新年とともに行なわれる公式の戴冠式が1か月後に迫り、メンフィスだけでなく、他のいくつかの重要な都市でも、準備すべきことが山積みだった。戴冠式は王の葬儀よりもはるかに複雑だったが、適切な戴冠式はトトメスの王としての、また神としての役割を正式なものとするためには、不可欠な儀式だった。王の葬儀と同様に、こうした儀式はめったに行なわれない。しかし、詳細を記した記録は残っており、指示を与えることができる古参の顧問たちも何人かいた。

戴冠の儀式はメンフィスで始まり、トトメスはさまざまな神の代理となる神官たちから、王のシンボルを授けられる。下エジプトを象徴する赤冠と、上エジプトを象徴する白冠の両方を頭に載せることで、両方の地の統治者であることを強調する。青冠は軍の指揮官としての役割を示し、コブラとハゲワシの女神たちを表す頭飾りも、ファラオが「ふたつの国の主」であることを強調するものだ。儀式は複雑で、トトメスはすでに父の死後に自分の称号を発表していたが、たびたび宣言されることにより権威が高まる。まもなく、単に新しい王というだけでなく、神々に認められた王が即位することに、エジプト全土が2度目の安堵のため息をつくことだろう。

南のテーベでは、バキが誇らしい気分で、収穫が終わった畑を見渡していた。数か月におよぶ労働がたっぷりの穀物に結実し、これから1年は安心して過ごすことができる。トトメスによって「マアト」がよく維持され、太陽が東の空に昇り続ければ、まもなくナイル川は再び増水を始め、1年のサイクルが始動する。この年間サイクルのなかで、バキが嫌っているものがひとつあった。それはなじみのある形でやってきた。村の道路を下り、各農家を順番にまわる、政府から派遣されてくる徴税担当の会計士だ。国の所有ではない土地の収穫高を評価し、税金の計算をするのが彼らの役割だった。

農夫の多くはこの手続きを本当に腹立たしく思っていた。重労働の果実の一部が奪われ、見返りはほとんど得られない。納めた税の大部分は、政府のプロジェクトに雇われた労働者や官僚たちの報酬に回される。神殿、宮殿、王の栄光を称える巨大記念碑などの建設に携わる者たちだ。バキはこれについては自分にできることはほとんどないと受け入れた。そして、「ボランティア」の労働から逃れようとしたときとは違って、無駄な試みはせず、今回は書記を戸口で迎え、自分の努力の結果に与えられる運命を聞く準備をした。

立派な服を着た会計士が重装備の兵士を伴ってやってきた。兵士はこの任務を退屈に感じているようで、会計士がパピルスの書類を調べる間、そばに黙って立っていたが、すぐに家の前の煉瓦のベンチに腰を下ろした。「土地の境界線は昨年と変わっていないか?」と、会計士はたずねた。バキは自分の畑の一部が年の初めの氾濫で流されたと主張しようかと思ったが、その考えをすぐに払いのけた。作り話だとわかれば、ただではすまないからだ。

会計士は頭のなかで計算し、数字を書き込み、評価を告げた。「小麦の大かごを昨年より10個多くする。新王メンケペルウラー・トトメス様が、長く健康でおられるよう、新しい調整や計画がたくさんあるのだ」。バキは不満を述べても無駄だとわかっていた。決められた時間と場所にしぶしぶ穀物を納めに行き、あとは頭のなかからさっさと追い出すつもりだ。そして、エジプトの巨大な穀物倉は再び満たされる。

村の結婚式

数週間後、村が熱気に包まれた。純朴な漁師と若い未亡人の織り子が結婚するのだ。堅苦しいしきたりはほとんどなかった。ウェニとタメレトは結婚に合意し、彼女の家で一緒に暮らす。姉のサトムトは、自分の相手が見つかるまで、同居生活に我慢することになる。結婚の祝宴はたいてい騒がしく、混乱し、楽しいひとときになり、食べ物も期待どおりのごちそうになる。牛飼いのセンナは、「重傷を負った」牛の上等なもも肉を、何らかの手段で「手に入れて」いた。醸造所の友人は強いビールを提供してくれた。

タメレトは真っ白なプリーツ入りの亜麻布のワンピースに身を包んでいた。織物工房の女性たちが用意してくれたものだ。ウェニもこれまで身に着けたことのない、きれいなキルトで装った。仲間の漁師たちが川で何度も何度も彼をごしごし洗い、少なくとも大事なパーティーの間は魚の臭いがしないようにした。太鼓、鳴子、縦笛に合わせて陽気な歌声が響き、踊り子たちが客たちの間や周囲をくるくると移動しながら舞った。隅のほうで、新郎の親友であるネフェルがサトムトと楽しそうにおしゃべりをしていた。サトムトは微笑み、顔を赤らめているように見える。彼らは何時間も話し続けた。

夕暮れが迫ったころ、遠くからロバを引いた男性が村に近づいてくる姿が見えた。やがて王宮の若い書記、ダギであることがはっきりしてくる。祝いのための特別な訪問で、今回はためらいもなく、緊張もしていないことがよくわかる。ダギが新郎新婦に近づき、ロバの両脇に下げた大きな包みを降ろすと、客たちは彼を通すために両脇によけた。「特別なお祝いの席のために、カナン産の上等な輸入ワインを2壺持ってきました」と、彼は言った。陶工のロイが脇に立ち、カナンの偽物の壺だと気づいて、くすくす笑った。祝宴は、ラー神が再び生まれ変わり、東の空に最初の光が差し始めるまで続いた。

エピローグ

トトメス4世の治世はエジプト学者にとっていくぶん謎めいた時代とされる。祖父のトトメス3世や父のアメンホテプ2世のような勇猛なファラオの時代と、息子のアメンホテプ3世の莫大な富と比較的平和な時代にはさまれた、移行期に登場した目立たない王とみなされたこともある。彼の在位は約10年間で（紀元前1400〜1390ごろ）、大きな軍事遠征はわずかしか行なわず、何人かの妻と子どもを持ち、母のティアアを非常に尊敬していた。妻のひとりはエジプトのライバルであるシリアのミタンニの王から献上された王女で、これは将来の王たちも繰り返す外交上の慣例となる。

トトメス4世の死因はわかっていないが、彼のミイラは「極端にやせていた」と表現されているので、おそらく病死だったと思われる。父と同じように、トトメスは彼が「偉大なる地」――現在「王家の谷」と呼ばれる場所――に造営させた王墓に埋葬された。ティアアは息子より長生きした可能性が高い。

トトメス4世の治世についてとくに興味を引くのは、その王位継承について何らかの論争があったと思われることである。スフィンクスの前脚の間の巨大な「夢の碑文」が、その推測を招いた大きな要因であることは変わっていない。太陽神が王子トトメスの夢に現れたという話はおそらく、即位の正統性を証明するために、石に刻まれて保存されたストーリーだ。序文に記したように、本書で紹介したシナリオ、つまり、アメンホテプ2世がトトメスではない息子を後継者に望んだというのは、著者の純粋な推測にすぎないが、ありえる話ではある。彼が母親のお気に入りの息子だったという筋書きも同様だ。

トトメス4世の記念碑で現存するものは多くない。おそらく彼の在位期間が短かったためだろう。エジプトのさまざまな場所での建設計画のひとつとして、彼はテーベのカルナックの大神殿を増築したが、そのほとんどはやがて解体され、石材はのちの支配者に再利用される。とくに印象深いのは、祖父の時代に建造が始まった巨大なオベリスクを完成させたことだ。当時、これは世界で最大の記念碑だった（このオベリスクは現在、ローマに立っている。4世紀にエジプトから移送された）。トトメス4世の石像はいくつか残っており、その最も有名なものは、王が母親と一緒に座っている姿が表現されている。彼は母に当時の最高位の女性祭司を表す「アメン神の妻」の称号を与えていた。

トトメスの後継者であるアメンホテプ3世は38年にわたって王位にあり、エジプトの富を最大限に利用して、宗教的なものと個人的なものを含め、壮大な記念碑を建設させた。自分のための贅沢な宮殿も建てた。また、テーベのアメン神に捧げる神殿を拡張した。このことは、アメン神が変わらず最高神であったことを示す。現存している王自身の葬祭殿は、ほかに並び立つものがほとんどないほど巨大で堂々としている。

その息子のアメンホテプ4世は、エジプトの状況を揺るがした。彼はアテンと呼ばれる太陽の権化を唯一の神として崇拝しようとした。アテン神は、燃えさかる円盤型の太陽から放射される光の先に信者を守る手があるように描かれる。彼は自分の名を「アテン神のしもべ」を意味するアクエンアテンに改称し、メンフィスとテーベという政治と宗教の中心から離れた場所に新たな政治的首都を建設した。アクエンアテンの狂信的なアテン神崇拝は一神教に近いもので、必然的に他の神々とその神殿および神官を軽視した。もちろん、権威もあり財産も豊富なアメン神信仰も同じ扱いだった。学者のなかには、アテン神崇拝が優勢になったのは、トトメス4世と彼の後継者の治世だったと論じる者もいたが、いずれにしても、アクエンアテンの17年間ほどの治世は、宗教改革だけでなく芸術改革においてもエジプト史で魅力的な時代といえる。

アクエンアテンの死は、彼が遠ざけた大勢にとっては安堵をもたらしたことだろう。そして、短命で終わった後継者ひとりかふたりをはさんで、有名な「少年王」ツタンカーテン（トゥトアンクアテン、「アテン神の生きる似姿」の意）が即位し、自分の名をツタンカーメン（トゥトアンクアメン、「アメン神の生きる似姿」）に変えることにより、古い秩序を回復した。ほぼ完全な形で残る彼の墓が１９２２年に発見されるまで、トトメス4世と同じように、ツタンカーメンは移行期の重要ではない王とみなされていた。こちらはアクエンアテンの一風変わった幕間と、力強いファラオたちの復活の時代の間ということになる。ツタンカーメンのおよそ10年の短い治世のあと、彼の後継者には神官、次には軍の将軍が選ばれ、ラメセス1世により新たな第19王朝が始まった。

　第19王朝は外国との新たな一連の紛争と、勇猛な戦士ファラオの時代となる。最も有名なひとりがラメセス2世で、治世は60年以上におよび、アメンホテプ3世と同じように、記念碑を多数建てたことで知られ、自分自身を祝福するものも多かった。もうひとりの戦士ファラオ、第20王朝のラメセス3世が、この時代最後の偉大なファラオと論じる研究者もいるかもしれない。海上からでもどこからでも、侵略者による攻撃を見事に撃退したからである。第20王朝の終わりは新王国時代の終わりとみなされ、エジプトの真の大国としての終わりでもあったと考える研究者もいるだろう。経済的圧迫と政治的混乱のため、王家の谷のすでに盗掘されていた墓の大部分が取り壊された。埋葬された王のミイラの大部分は墓泥棒に荒らされたが、敬虔な

ナイル川を制御する

１９６０年代のエジプト南部の巨大な「アスワン・ハイ・ダム」の建設は、複雑な影響をもたらした。巨大な貯水池「ナセル湖」がダムの背後に形成され、エジプトは下流での洪水や干ばつを心配する必要がほとんどなくなり、現在は年に何度かの穀物の収穫が可能になった。ダムは大量の電力の供給も可能にした。しかし、自然の川の氾濫と土壌の再生が失われたことで、今では代わりに人工の肥料が必要になり、長期的には悪影響を与えるかもしれない。ダムの建設は文化的な緊急事態を引き起こしもした。ナセル湖により数多くの考古学遺跡が水没するおそれがあったのだ。国際的な救援努力が開始され、水位が上がるにつれて水没の可能性がある多くの遺跡を調査し、神殿全体を解体して、近くまたは別の土地の高い場所に移築した。そうした神殿のひとつ、ダンダルの遺跡の神殿が記念碑の救済を援助したお礼として、エジプトからアメリカへ贈られた。現在はニューヨークのメトロポリタン美術館のアトリウムに再建されている。

神官たちが包みなおし、別の場所に隠した。これについてはさらに詳しく後述する。

新王国時代後のエジプトの歴史は信じられないくらい複雑だ。ギリシアやローマのほか、リビア、ヌビア、アッシリア、ペルシアなどにエジプトが支配された時代もあった。紀元前4世紀にアレクサンダー大王に征服されたあとは、ギリシア人が約300年にわたってエジプトを統治した。その間にギリシア人の入植者が彼らの言語、宗教、文化を持ち込み、エジプト文明に多大な影響を与える。キリスト教がエジプトに紹介されたことも影響し、のちにはイスラム教とアラブの言語と文化が優勢になり、現在まで続いている。その結果、古代エジプト文化はファラオ、神々、ヒエログリフとともに表向きは「消滅」し、何世紀もあとに、それらに関心を持つ者たちによって再発見される。

歴史と文化の変化と変容はあったものの、古くからの生活様式の一部は現代のエジプトまで存続し、古代と同様の習慣が残っている。エジプトの大部分は今も農村社会で、農夫たちはナイル川沿いの土地での農作業に精を出している。もっとも、はるか南のアスワンに建設された現代的ダムが、毎年の洪水を制御し、サトウキビなど他の作物も栽培されるようになった。村の家屋は小さいものが多く、泥煉瓦で建てられ、牛などの荷役用の動物が埃っぽい道を行き来し、漁師たちは小さな舟で川に網を投げて魚を獲っている。

ヨーロッパ人などの外国人がエジプトを訪れて、古代の遺物に当惑した例は散発的にあったものの、ほとんどの歴史学者は1798年のナポレオンの遠征を近代エジプト学の始まりと考えている。ナポレオンは遠征軍に芸術家と学者の一団を同行させ、過去の遺物を含め、エジプト的なあらゆるものを記録させた。3年後にはイギリスによって敗走させられたが、フランス人は発見したものを公表し、ファラオたちの土地への大きな関心を喚起した。発見された遺物のなかには、ギリシア語と2種類のエジプトの言語で書かれた大きな石碑があった。「ロゼッタ・ストーン」として知られることになるその石碑は、長く忘れられていた古代の言語と文字を理解する鍵となった。精力的な研究により、フランス人のジャン＝フランソワ・シャンポリオンが1822年に解読に成功したと発表した。この突破口により、謎めいたヒエログリフを読み解けるようになり、現存する文書の研究によって古代エジプトについての私たちの知識がおおいに増した。

エジプトの記念碑を記録し、芸術品を収集するための調査旅行は、19世紀から頻繁に行なわれるようになり、その結果、私たちはアメンホテプ2世やトトメス4世、彼らの時代について多くを知ることができた。考古学的発掘と記録管理の技術はこの2世紀ほどの間に大きく進歩し、本書のストーリーに関連したいくつかの発見も、重要であり興味深いものだった。

前述したように、新王国時代の終わりに、盗掘にあった王家の谷のミイラが包みなおされ、別の場所に隠された。1872年ごろに、テーベ西岸のそうした隠し場所のひとつを、地元の墓泥棒が発見した。最終的に、その存在はエジプト古物研究の権威たちの注意を引き、彼らはそれが50体以上のミイラを納めた再利用の墓だとわかり驚愕した。そこには新王国時代の多くの王のミイラも含まれていた。第2の隠し場所は、王家の谷のアメンホテプ2世の墓のなかに見つかった。古代に盗掘されていたが、その後再び利用され、予想されたアメンホテプ自身のミイラに加えて、彼の息子のひとり、おそらくウェベンセヌのほか、トトメス4世を含む12のミイラを保存してあった。

アメンホテプ2世の王墓は1898年にフランス人のエジプト学者、ヴィクトル・ロレが発見し、さらなるミイラと大量の副葬品――壊されたものも無傷のものもあった――のほか、王自身も石棺のなかに美しく包まれた状態で残り、その上には乾燥した花束が置いてあった。しかし、巻き布も棺も当初のものではなく、のちの時代のものだった。それでも、彼は自分の墓でミイラが発見されたわずかふたりの王のひとりである（もうひとりはツタンカーメンだ）。

ふたつの隠し場所から見つかった王のミイラのほとんどは、カイロのエジプト考古学博物館に送られ、長い間、ときおりの中断をはさみながら一般公開されていた。窒素を満たしたハイ

墓泥棒

ほとんどの墓泥棒は、亜麻布、オイル、貴金属、貴石、宝飾品のような、高価でリサイクルできるものに興味を持っていたようだ。金は、金張りの木製の道具の表面から削り落とし、溶かして再利用し、オイルはあまり目立たない容器に移され、亜麻布からは王の名前の札を切り取った。古代エジプトの墓荒らしは利益にはなったが、極刑に値する重罪だった。現存するパピルス文書には、王墓に侵入して盗掘したとして告発された者の裁判の記録が残っている。有罪になれば、犯人は火あぶりや杭を打ち込まれて、苦しみながらの死を迎えた。近代に入ってエジプトへの外国の関心が増すと、墓泥棒は博物館や旅行者が興味を持つ品を売ろうと活発に活動するようになった。エジプトの遺物の販売は今では違法になり、そうした活動に従事すれば厳しく処罰される。

テクの陳列ケースに入れて、より威厳のある雰囲気で展示されていた時期もある。２０２１年、大部分のミイラは大々的なパレードにより、やはりカイロにある国立エジプト文明博物館に移された。

ロレは１８９８年に、王家の谷でもうひとつの墓を発見した。未完成で装飾もなく、劣悪な状態で、なかに多くのものは見つからなかった。２０００年からスイスの調査隊がその墓を調べ、これがアメンホテプ2世の妻でトトメス４世の母、ティアアの墓である証拠を見つけた。墓は不完全な状態ではあったが、彼女はそこに埋葬されるという特権を与えられたことがわかる。

20世紀を通じて王家の谷の考古学的発掘は続き、１９０３年には、セオドア・デイヴィスというアメリカの発掘者のために働いていたハワード・カーターが、トトメス４世の王墓を発見した。よくあるように、墓は容赦なく盗掘されていた。アメンホテプ2世の王墓と同じように、おそらく2度目の盗掘で破壊された副葬品が散乱していた。墓室のひとつに見つかった注目すべき古代の落書きから、この墓はトトメスの埋葬から約70年後に最初に盗掘され、元通りにされたことがわかった。ほかの王墓と同じように、新王国が衰退したころに取り壊され、王のミイラは前述のように別の隠し場所に移された。

１９０６年、デイヴィスの調査隊はアメンホテプ2世の宰相アメンエムオペトの、簡素で装

現在の「王家の谷」の１区画。①アメンホテプ２世の王墓の入口。②彼の宰相アメンエムオペトの墓。③動物のミイラを含む小さな３つの墓が見つかった場所。アメンホテプのペットだったと思われる。

飾されていない墓を発見した。その小さな長方形の埋葬室は盗掘され、アメンエムオペトのミイラは巻き布をほどかれ、副葬品のかけらとともに床に横たわっていた。墓は近くでのその後の発掘の間に埋められ、正確な場所がわからなくなっていたが、１９８６年にアメリカのエジプト学者、ケント・ウィークスが「遠隔探査」装置を使って立坑の上部を再発見した。本書の著者は２００８年からその墓を再発掘し、もともとの副葬品の遺物をさらに発見した。しかしミイラは見つからず、そのありかはまだわかっていない。貴族の墓地にある彼の礼拝堂も調査され、彩色された装飾はあったものの未完成の状態だった。

10年におよぶ発掘作業と多くの注目すべき発見のあと、セオドア・デイヴィスは１９１２年に、王家の谷にはもう新たに発見すべきものは残っていないと宣言した。10年後の、ほぼ無傷で残っていたツタンカーメンの墓の発見は、それが間違いだったことを証明した。現在に至るまで、何かの大発見があると必ずこの考古学的発見と比較されてきた。エジプトの過去の探求は今日まで続いている。先史時代からギリシア・ローマ時代、その後の時代の古代遺跡や記念碑の調査も続いている。１９２２年のツタンカーメンの墓以来、王家の谷で発見された墓はわずかだが、現在も調査は続けられ、ファラオの墓の研究と保存努力に加え、この付近に散らばる官僚や王族に属するいくつかの小さな無装飾の墓の再評価もなされている。

現在のエジプト

エジプト経済にとって観光は重要な産業で、年間に訪れる旅行者が１０００万人を超える年もある。確かに訪れるだけの価値はあり、風景はどこを見てもすばらしく、興味深い、楽しいアクティビティもたくさんある。もちろん、古代遺跡は重要な観光スポットだ。たとえば、ギザの有名な古王国時代のピラミッドを訪れ、大スフィンクスと「夢の碑文」を見ることができる。その少し南には、あまり見どころのない古都メンフィスがあるが、近くの広大な古代墓地にはピラミッドと長い時代にまたがる装飾された墓がある。

ナイル川沿いには、数多くの魅力的な遺跡が続き、やがて古代テーベの遺跡であるルクソールが現れる。川の東岸には壮大で複雑な構造のルクソールとカルナックの神殿があり、どちらも数世紀をかけて拡張された。２０２１年の時点で、最近復元された古代の参道を歩いてふたつの神殿をめぐることができる。

ナイルの西岸には同様に見どころがたくさんあり、高位の役人の装飾された墓がとくに人気を集めている。宰相レクミラの墓は芸術品や工芸品が描かれた壁画が有名で、センネフェルの墓はブドウ棚のように天井が彩色されている。アメンホテプ2世やトトメス4世の新王国時代

少年王の墓

エジプト史における役割は比較的小さいが、おそらくツタンカーメンは現代の人々に最もよく知られるファラオだろう。王家の谷の彼の墓は、おそらく2度にわたって軽度の盗掘にあったようだが、盗まれたものは少なく、その見事な副葬品の圧倒的多数が無傷のまま、よい保存状態で残っていた。ツタンカーメンの墓はその発見から1世紀が過ぎても人々を興奮させ、見つかった副葬品は他の王墓がかつてどのような副葬品を納めていたかについて貴重な手掛かりを与えてくれる。この墓が残ったのは、おそらくもっと大きな墓を建造するための建設資材のがれきと、川の氾濫が砂漠に達したことによる堆積物の下に深く埋まっていたからだろう。墓の発見が1922年で、それより早い時代ではなかったことも幸いした。有能な専門家の手により、内部で見つかった数多くの品を記録し、保存できたからである。

の葬祭殿は見るものがほとんどないが、他の王に属する現存する遺物のいくつかはじつに堂々としている。とくにハトシェプスト女王、アメンホテプ3世、セティ1世、ラメセス2世、ラメセス3世のものが目を引く。

もちろん、新王国時代の王族の墓が集まる「王家の谷」もある。観光客でにぎわうときでも、そこを歩けば切り立つ断崖とピラミッド型の峰の頂に圧倒される。谷には60ほどの墓があり、印象的ないくつかの墓が輪番で一般公開されているので見学できる。アメンホテプ2世とトトメス4世の注目すべき王墓はどちらも見学者のために整備され、ときおりアクセスできる。もちろん、ツタンカーメンの驚くほど小さい墓もある。そこはとにかく有名だという理由のために、多くの旅行者にとって最優先の観光スポットとなっている。

それほど遠くない断崖に目立たないようにあるのが、王家の谷で墓の造営に携わっていた職人たちが暮らしていた村の遺跡である。考古学者たちが長い年月の間に、このかつて活気にあふれていた村の家屋の遺跡を掘り出した。見学者は廃墟の間を歩き、最盛期のようすに思いをめぐらすことができる。住人の一部はそこに自分自身の墓を持っていたので、いくつかの美しく装飾された墓も見学できる。アメンホテプ2世とトトメス4世の時代に王家の墓の職人たちの監督だったカーは、妻のメリトとともにこの地の墓に埋葬され、1906年にイタリアの調査隊が無傷の状態で発見した。この種の盗掘されていない墓の発見はめずらしく、その見事な

古代テーベの遺跡ルクソールにある、カルナックの荘厳な神殿の遺跡。

副葬品はイタリアのトリノにあるエジプト博物館に展示されている。

ルクソール地域には見る価値のある遺跡がほかにも数多くある。たとえば、新王国時代のもうひとつの王族の墓地、いわゆる「王妃の谷」のほか、ルクソールの見ごたえある博物館には古代テーベの遺跡で発見された数々の遺物が展示されている。南にも多くの壮大な遺跡があり、北にも地中海沿岸まで多くの遺跡が連なっている。つまり、エジプトはひとつの大きな、魅力的な考古学遺跡で、先史時代、ファラオの時代、ギリシア・ローマ時代、キリスト教とイスラム教の歴史が息づき、そしてエネルギッシュな現代文化にあふれている。カイロ近郊のギザのピラミッド近くの大エジプト博物館をはじめ、国中にすばらしい博物館がある。

エジプト国内だけでなく、世界中にエジプトの古代遺物のコレクションが見つかる。とくに有名なのは、イギリスの大英博物館（ロンドン）、フランスのルーブル美術館（パリ）、イタリアのエジプト博物館（トリノ）、アメリカのメトロポリタン美術館（ニューヨーク）である。これらのコレクションの遺物の多くは、そうした遺物の外国への輸出が法的に認められていた時代に獲得したものだ。現在では、古代遺物のエジプトからの持ち出しは認められていないが、エジプトは定期的に大々的な巡回展覧会を企画し、世界中で数百万の入場者を集めている。

エジプト学は現在も、活動的で国際的な研究分野であり続けている。エジプトの考古学的発掘作業の大半は、かつては外国の調査隊によってなされていたが、エジプト国内のプロジェクトの数もすぐに追いつき、各地でしばしば目をみはる発見がなされている。エジプトに魅了される人々は、ただ好奇心を持つ一般の人々から専門家まで、どの層も数を増やし、世界中のエジプト学協会がこれらの人々の利益のために協力し、書籍、映画、ウェブサイトを通じて幅広い魅力を紹介している。まだ答えの出ていない疑問、解くべき謎は数多く残っている。古代エジプトはおそらく私たちを永遠に驚嘆させてくれるだろう。

謝辞

よき友人であった故バーバラ・メルツ（別名エリザベス・ピータース／バーバラ・マイケルズ）に感謝する。彼女は歴史にまつわるテーマの本を一般読者向けにおもしろく書く手本を示してくれた。シェリー・ライアン、サミュエル・ライアン、ロイス・シュワルツは、いつも助けになってくれる。シェリーの編集者としてのコメントはとても貴重だった。ガブリエラ・ネメスをはじめとするマイケル・オマラ・ブックスの編集者のみなさんは、協力的で辛抱強かった。私の大切な友人たち、エドマンド・メルツァー博士とケネス・グリフィン博士にも感謝の意を表したい。どちらも優れたエジプト学者であり、貴重な意見と資料を提供してくれた。

参考文献

Morris Bierbrier, *The Tomb-Builders of the Pharaohs*, 1993（『王（ファラオ）の墓づくりびと』、酒井伝六訳、學生社、１９８９年）
James Henry Breasted, *Ancient Records of Egypt*, 1907
Betsy M. Bryan, *The Reign of Thutmose IV*, 1991
Peter Der Manuelian, *Studies in the Reign of Amenophis II*, 1987
Aidan Dodson and Dyan Hilton, *The Complete Royal Families of Ancient Egypt*, 2004（『全系図付エジプト歴代王朝史』、池田裕訳、東洋書林、２０１２年）
Dennis C, Forbes, *Imperial Lives: Illustrated Biographies of Significant New Kingdom Egyptians*, 2005
Carolyn Graves-Brown, *Dancing for Hathor*, 2010
Rosalind Hall, *Egyptian Textiles*, 1986
Colin Hope, *Egyptian Pottery*, 1987
Patrick Houlihan, *The Animal World of the Pharaohs*, 1997

Salima Ikram and Aidan Dodson, *The Mummy in Ancient Egypt*, 1998
Salima Ikram and Aidan Dodson, *The Tomb in Ancient Egypt*, 2008
Rosalind and Jac. Janssen, *Growing Up and Getting Old in Ancient Egypt*, 2007
Miriam Lichtheim, *Ancient Egyptian Literature*, 2006
Lise Manniche, *City of the Dead*, 1987
Lise Manniche, *Music and Musicians in Ancient Egypt*, 1991(『古代エジプトの音楽』、松本恵訳、弥呂久、１９９６年)
John Nunn, *Ancient Egyptian Medicine*, 1996
William H. Peck, *The Material World of Ancient Egypt*, 2013
Donald Redford, ed., *The Oxford Encyclopedia of Ancient Egypt*, 2001
Nicholas Reeves and Richard Wilkinson, *The Complete Valley of the Kings*, 1996（『王家の谷百科』、近藤二郎訳、原書房、１９９８年）
Serge Sauneron, *The Priests of Ancient Egypt*, 2000
Garry J. Shaw, *The Pharaoh: Life at Court and on Campaign*, 2012（『ファラオの生活文化図鑑』、近藤二郎訳、原書房、２０１４年）
Ian Shaw, ed., *The Oxford History of Ancient Egypt*, 2000
W. K. Simpson et al., eds., *The Literature of Ancient Egypt: An Anthology of Stories, Instructions, and Poetry*, 2003
John Taylor, *Death and the Afterlife in Ancient Egypt*, 2001
Joyce Tyldesley, *Daughters of Isis: Women of Ancient Egypt*, 1995（『イシスの娘――古代エジプトの女たち』、細川晶訳、新書館、２００２年）
Joyce Tyldesley, *The Complete Queens of Egypt*, 2006

Richard H. Wilkinson, *The Complete Temples of Ancient Egypt,* 2000
Hilary Wilson, *Egyptian Food and Drink* , 1988

推薦図書

Peter Clayton, *Chronicle of the Pharaohs* , 2006（『古代エジプト ファラオ歴代誌』、吉村作治監修・藤沢邦子訳、創元社、１９９９年）
Aidan Dodson, *Monarchs of the Nile,* 2016
Dennis C. Forbes, *Tombs. Treasures. Mummies. Seven Great Discoveries of Egyptian Archaeology* , 1998
T. G. H. James, *Pharaoh's People,* 1994
Mark Lehner, *The Complete Pyramids,* 1997
Bill Manley, *Egyptian Hieroglyphs for Complete Beginners,* 2012
Barbara Mertz, *Temples, Tombs and Hieroglyphs: A Popular History of Ancient Egypt,* 2007
Barbara Mertz, *Red Land, Black Land: Daily Life in Ancient Egypt,* 2008
Nicholas Reeves, *Ancient Egypt: The Great Discoveries,* 2000
Donald P. Ryan, *Ancient Egypt on Five Deben a Day,* 2010
Donald P. Ryan, *Beneath the Sands of Egypt: Adventures of an Unconventional Archaeologist,* 2010
Donald P. Ryan, *24 Hours in Ancient Egypt* , 2018（『古代エジプト人の24時間』、大城道則監修・市川恵理訳、河出書房新社、２０２０年）

A. J. Spencer, *The British Museum Book of Ancient Egypt*, 2007（『大英博物館 図説 古代エジプト史』、近藤二郎訳、原書房、２００９年）

Nigel and Helen Strudwick, *Thebes in Egypt: A Guide to the Tombs and Temples of Ancient Luxor*, 1999

Joyce Tyldesley, *The Penguin Book of Myths and Legends of Ancient Egypt*, 2012

Richard H. Wilkinson, *The Complete Gods and Goddesses of Ancient Egypt*, 2003（『古代エジプト神々大百科』、内田杉彦訳、東洋書林、２００４年）

Richard H. Wilkinson, *Reading Egyptian Art*, 1994（『図解 古代エジプトシンボル事典』、近藤二郎監修・伊藤はるみ訳、原書房、２０００年）

Richard H. Wilkinson, *Symbol and Magic in Egyptian Art*, 1999

Toby Wilkinson, *Lives of the Ancient Egyptians: Pharaohs, Queens, Courtiers and Commoners*, 2007（『図説 古代エジプト人物列伝』、内田杉彦訳、悠書館、２０１４年）

【著者】ドナルド・P・ライアン（Donald P. Ryan）

1957年生まれ。考古学者。パシフィック・ルーテル大学人文学部フェロー。主な研究テーマは、エジプトの考古学、ポリネシアの考古学、古代の言語と文字。王家の谷での発掘チームにも参加、支配者アメンホテプ2世の宰相アメネモペの墓を発掘している。著書に『古代エジプト人の24時間』、「Beneath the Sands of Egypt」、「Ancient Egypt: The Basics」がある。

【訳者】田口未和（たぐち・みわ）

上智大学外国語学部卒。新聞社勤務を経て翻訳業。主な訳書にレイ『ヒエログリフ解読史』、モートン『西洋交霊術の歴史』、ハンセン『図説シルクロード文化史』、ウルマン『アメリカはなぜ戦争に負け続けたのか』、フリーマン『デジタルフォトグラフィ』、ガイズ『小さな習慣』など。東京都在住。

A YEAR IN THE LIFE OF ANCIENT EGYPT
by Donald P. Ryan

Japanese translation rights arranged with
MICHAEL O'MARA BOOKS LIMITED
through Japan UNI Agency, Inc., Tokyo

古代エジプトの日常生活

庶民の生活から年中行事、王家の日常をたどる12か月

●

2022年11月22日　第1刷

著者…………ドナルド・P・ライアン

訳者…………田口未和

装幀…………伊藤滋章

発行者…………成瀬雅人
発行所…………株式会社原書房

〒160-0022 東京都新宿区新宿1-25-13
電話・代表03（3354）0685
http://www.harashobo.co.jp
振替・00150-6-151594

印刷…………新灯印刷株式会社
製本…………東京美術紙工協業組合

ISBN978-4-562-07234-7, Printed in Japan